年寄りは集まって住め

〜幸福長寿の新·方程式〜

川口雅裕

冬舎ルネッサンス新書
235

はじめに

戦争前後の困難な環境に耐え抜き、その後も懸命にこの国の発展に尽くしながら生き抜いてこられた世代、また、三十年に及ぶ高齢期をどう生きるべきかという歴史上なかったテーマに、初めて向き合っている世代の方々に敬意を込めてエールを送ること。

これが、本書の目的です。

古来、日本人にとって「老い」や「死」は忌み嫌うべきものであり、口にするのがはばかられる、縁起の悪いテーマでした。今もなお「老い」や「死」を過度に恐れ、悲観する一方の人は多くおられますし、次世代を含めて社会全体に超高齢社会へのネガティブな見方や予想が漂っています。それは、老いに対するネガティブな側面に焦点を当てることで儲かるビジネスの宣伝広告などによる影響も大きいでしょうし、高齢期の困りごとばかりを過剰に報じるメディアの影響もあるでしょう。

しかし、老いは単に恐れの対象なのでしょうか。私たちの十年にわたる調査においても、様々な研究者の論文を紐解いてもそんなことはありません。むしろ、歳を重ねるにつれて分かり、できるようになることがあり、高齢期ならではの発達や成長の存在も明らかになってきています。若い頃と同じように、高齢期にも光と影の両面があります。大切なのはこの両面を正確に捉えた上で、高齢期の変化への備えや付き合い方、自分らしい暮らし方を冷静に思考し、実行に移していくこと。そうして、幸福感の高い高齢期を楽しむ人たちが少しずつでも増えていけば、持続可能で、かつ活力のある超高齢社会が実現していくはずです。長い高齢期を、いかに生きるか。本書が〝幸福長寿を実現するノウハウ〟として一人でも多くの高齢者や、高齢期を前にする次世代へのポジティブなメッセージとして届けば幸いです。

年寄りは集まって住め　～幸福長寿の新・方程式～

目次

序章

「平均寿命が世界一」。そんなニュースを誇りに思えたのはいつ頃までだったでしょうか。ご存知のように、我が国の平均寿命は世界トップクラスであり、男女ともに過去最高を更新し続けていますが、このようなニュースに接して単純にめでたいと感じる人は年々、減ってきているように思います。いや、もはや不安をあおるニュースでしかないのかもしれません。

二〇一六年、私が今、理事長を務めるＮＰＯ法人の「老いの工学研究所」が高齢者を対象に行ったアンケートの中で「長寿はめでたいと思いますか？」という質問をしたところ、「そう思う」「ややそう思う」を合わせた割合は全体で四割、女性では三割程度に過ぎませんでした。回答した方々にインタビューをしても、長生きをリスクと捉える人があまりに多いことに驚かされました。健康であり、かつ経済的にも何の問題もない高齢者に訊いても、やはり長寿をリスクだと考える人がとても多い。

振り返ればその昔、誰もが長生きを願い、子は親のできる限りの長寿を祈り、地域も長寿者をありがたい存在として崇めるのはごく自然な感覚でした（もっとも、様々な事情から老人が自ら死を選んだり、姥捨て山のような慣習を公や周囲も黙認したりするようなケースがありましたが）。時代を経て、乳幼児期の死亡率の減少、衛生状態や栄養状態の改善、医療の進歩などによって寿命は延び続け、ようやく長寿社会が実現したというのに、現在それは決してめでたい話ではなく、むしろリスクとして捉えられるようになってしまっています。

高齢者と次世代との関係も無視できません。テレビや主要新聞など、大メディアにはあまり見られませんが、インターネット上では「老害」などの高齢者を非難する言葉があふれかえっています。高齢の政治家や経営者の発言に対して、あるいは市中での高齢者の振る舞いや事故・事件などに対して、次世代の若い人々が敬意を払わない（場合によっては、相当に頭にきている）様子がありありとうかがえます。

とはいえ、高齢世代と次世代が決定的に対立しているかというとそう単純な話でもなく、私たちの調査で、「公的制度で、高齢者を優遇し過ぎだと思いますか？」と訊いたところ、高齢者の約四割が「そう思う」と回答しており、自分たちよりも現役世代に配分してあげてほしいという気持ちを持っている人が相当に多いことが分かります。また、同じ調査において、三十〜四十歳代の約八割が、高齢世代に対して「知恵や経験、規範や伝統の伝承を期待している」と回答しました。**世代間に葛藤が生じている一方で、世代間の共通理解や互いへの期待もまだ**

まだ十分にある。現在は、そんな混沌とした、複雑な感情が入り混じっている状況なのでしょう。

高齢者の意識の変化

新語・流行語大賞に「終活」がノミネートされたのは二〇一二年。その頃はまだ、「死」や「老い」についてお年寄りに話を聞こうとすると、あまりいい顔はされないのが普通でした。だからこそ、「終活」という言葉にインパクトがあったのでしょう。私たちの「老いの工学研究所」ができたのもこの年。多くの人が避けようとしている死や老いというテーマに、真正面から向き合おうという志を持って設立しましたが、当時は「〝老い〟を名称につけるのは、いかがなものか」といった声がいくつも聞こえてきたことを思い出します（今でも、たまにこの種のご意見を頂戴しますが……）。

あれから約十年、「終活」が様々なメディアで特集され、書店にも〝終活本〟が並び、「終活イベント」も多く開催されるようになりました。終活イベントを覗いてみると、黒い額縁の中に顔を入れて「遺影」を撮影するブースに高齢者の長い列ができていたり、棺桶に入ってみる体験をする人もたくさんおられます。テレビでは、葬儀やお墓など「死」にまつわるコマーシャルも頻繁に目にするようになりました。私も高齢者の方に「何が原因で死ぬのがいいと思います？」などと平気で訊けるようになりましたし、それに対して「そりゃあガンに限るよ。他人さまに迷惑もかけないし、ほかの死に方に比べれば、ガンは人生最後の宝物みたいなものだな」と屈託なく笑いながら答える人も珍しくなくなりました。

同じく二〇一二年のベストセラーに、『大往生したけりゃ医療とかかわるな―自然死のすすめ』（中村仁一著）があります。「死ぬのはガンに限る。ただし、治療をせずに。」というメッセージを現役の医師が発したことで、大きな反響を呼びました。その内容には医学界から様々な反論も出ていますが、いずれにしても、医療や医師を妄信する姿勢を、徐々に変えるきっかけとなりました。

こうして見てみると、**この十年で、死や老いが忌み嫌われ、避けられる対象から、少なくとも高齢者にとっては向き合う対象として少しずつ変わってきている**ことが分かります。実際に「老いの工学研究所」でも、アンケート調査などに協力いただいているモニター会員の登録者が徐々に増えて、今では約一万五千名にのぼっています。年に三～四回のアンケートを実施しているほか、インタビューなどにも応じていただいていますが、その声に触れるたびに、この十年間の変化を実感します。

エイジングの価値

もちろん、伝統的な考え方から変われない人も少なくありません。例えば、「老い」を「病気」と同一視して恐れる人、「老いは悪、若さは善」としているような若さ信仰が強過ぎる人、「アンチ・エイジング」に、異常なこだわりを持つような人などです。

エイジング（aging：加齢、歳をとること）はそもそも、単に衰えを意味する言葉ではありません。例を挙げれば、少し前に流行したエイジング・ビーフは低温で熟成させることによって、アミノ酸が豊富で旨味や味わいを増した牛肉です。ウイスキーを樽の中に長期貯蔵するのも、ワインを熟成させるのもエイジングと呼ばれます。工業製品でも、部品や油がなじんだ状態でないと性能が発揮できないことがあるのでエイジングという「ならし運転」の工程を経て出荷します。楽器の世界では本来の音色や響きが出るように弾き込むことを、エイジングと呼ぶようです。つまり、もともとエイジングという言葉には、それによって価値が出る、**新しいときにはなかった良さが生まれるというポジティブなニュアンスがある**わけです。

ワインや楽器と同じように、人間にも年齢や経験を経るほどに価値が出てくる面があります。歳をとって失っていくものもありますが、一方で獲得していけるものも少なくありません。なのに、「アンチ・エイジング」と言ってしまえば獲得できるものを軽視したり否定したりすることになってしまう。「アンチ・エイジング」にこだわり、若い世代に負けない、あるいは以前の自分と変わらない身体や容貌を維持することだけを目標にし、内面的な成長・成熟について関心を失ってしまっているなら、それは浅く若く面白みのないワインやウイスキーのような、思ったように上手く動かない工業製品のような、どこか物足りない残念な存在になってしまいかねません。

本編で詳しく触れますが、実は**「高齢になるほど幸福感が高まっていく」現象が、日本を含めた多くの国で共通に観測されています。**ただし、それは〝平均的には〟ということであって、全員がそうなるわけではありません。平均的には五〇歳になる少し前に幸福感が底を打ち、そこから幸福感が高まり続けますが、一方で、そこから上がらない人、下がっていく人がいることも私たちの調査で分かっています。その違いは、老いによって得られる価値を見出せるかどうかの差にあるのではないかと私は考えています。

老いの中に価値を見出せなければ、身体的な衰えに連動して幸福感はだんだんと下がっていきます。歳を重ねる自分の内面の成長・成熟を見出せなければ、毎年、身体が衰える分だけちょっとずつ幸福感が下がっていくだけです。したがって、**歳を重ねることを単に嫌がる、老いに抗うだけの人が多ければ多いほど（〝アンチ・エイジング〟が盛んになればなるほど）、超高齢社会は幸福感の低い人が多い、活力のないものになっていくでしょう。**

では、エイジングによる価値は、どのようにすれば得られるのでしょうか。食事や栄養に気を付け、よく運動をすることでしょうか。確かにそれらは身体的な面での健康維持には必要ですが、人間的な成長や成熟と直接的には関係がありません。エイジングによる価値を得るためには、人生の最終盤における自分らしい生き様を定め、自分の内面に向き合いながら生きること。成り行きではなく、自らの意思に基づいた暮らしが欠かせないのではないかと思います。でも現状は、老いを迎えて身体の健康を求めるだけの人が、まだまだ多いと感じます。

もっとも、これは致し方ない面もあります。高齢化率が三割に迫ろうという国は、歴史上どこにもありませんから、**人生一〇〇年とも言われる時代が到来したものの、今の高齢者には見本とするような世代やケースがありません。**あの人のように生きたらいいんだという見本がない中で、長い高齢期を自分で考えて組み立てなければならないのです。つながり（相互扶助）が失われた都会の中で、高齢夫婦だけあるいは高齢者一人世帯で、長い高齢期を生きていくなどという人生は歴史的にどこにもありませんでした。見本になる先輩世代も真似ができるケースもない。現代の高齢者は、そういう世代です。逆に言えば、**〝超高齢社会における理想の生き様〟を模索するのが、現代の高齢者に課せられた役割**なのでしょう。

「幸福な健康長寿」を実現するには？

物理学者で、俳人としても知られる寺田寅彦は、「物を怖がらなさ過ぎたり、怖がり過ぎたりするのは易しいが、正当に怖がるのはなかなか難しい」と言いました。コロナ禍でもこの「正しく恐れる」が改めて注目されましたが、〝もの〟を〝老い〟に替えると、長い高齢期に向き合わざるを得ない現代にも見事に当てはまります。

たとえば、〝老いを怖がらなさ過ぎる〟人がいます。高齢期には様々なリスクがあるのですが、「今はまだ元気だから、問題を感じないから」と、よく考えないままに従来の環境で、それまで通りの暮らしを続けようとしている人たちです。当然このような人たちも徐々に老いに伴う危険を実感するようになり、不安が大きくなっていくのですが、**それでもなお、「まだまだ元気」「なんとかなる」「我慢が大切」「時期尚早」などと問題解決を（手遅れになるまで）先送りにし続けます。**

また、〝老いを怖がり過ぎる〟人もいます。老いをまるで病気と同じように捉え、恥ずかしいことのように考えて、身体や容貌の若さの維持に執心し、〝アンチ・エイジング〟に勤しむばかりの方々、病気でさえなければそれでいいという発想の〝健康オタク〟状態の人たちはその典型と言えるでしょう。

「天災は忘れたころにやってくる」

これも、寺田寅彦が残した有名な言葉です。『天災と国防』というタイトルの随筆に、その意味が記されています。「家庭の中でも、不幸が続けて起こることがある。国土に災禍が起きる場合も同様である。悪い年回りが、いつかは巡ってくるのが自然の鉄則だと覚悟を定め、良い年回りのときに十分な用意をして置かなければならない。これは明白過ぎるほど明白なのだが、実際には、ほとんど全ての人がきれいに忘れてしまっている」（筆者意訳）

老いも、〝いつかは巡ってくるのが自然の鉄則〟です。そして、それに対して〝良い年回りのとき〟に用意をしておかねばなりません。幸福な生活を継続し、さらに高齢期を楽しく充実した期間にするためには元気なときに、いつか必ずやってくる老いや死、それに関連して起こる様々な事態に備えなければなりません。なのに〝実際には、ほとんど全ての人がきれいに忘れてしまっている〟。

高齢期に備えるべき事態を思いつくままに挙げてみましょう。身体の衰えによるものでは、転倒やヒートショックや嚥下障害などによる不慮の事故、体調の急変、移動や歩行の困難などがあります。環境面では、仕事や職場の喪失、それに伴う収入の減少、子どもの独立や配偶者の死による孤独といったことが起こります。他にも、新しい技術や機器への適応困難、住まいの老朽化、地震や大雨などの災害、高齢者を狙う詐欺など犯罪への不安。

これらは、〝忘れたころにやって〟きます。備えがなければそれまでの平穏な日常も、これから先の幸福であるはずの高齢期も、一瞬にして消えてしまう可能性があります。「まだまだ

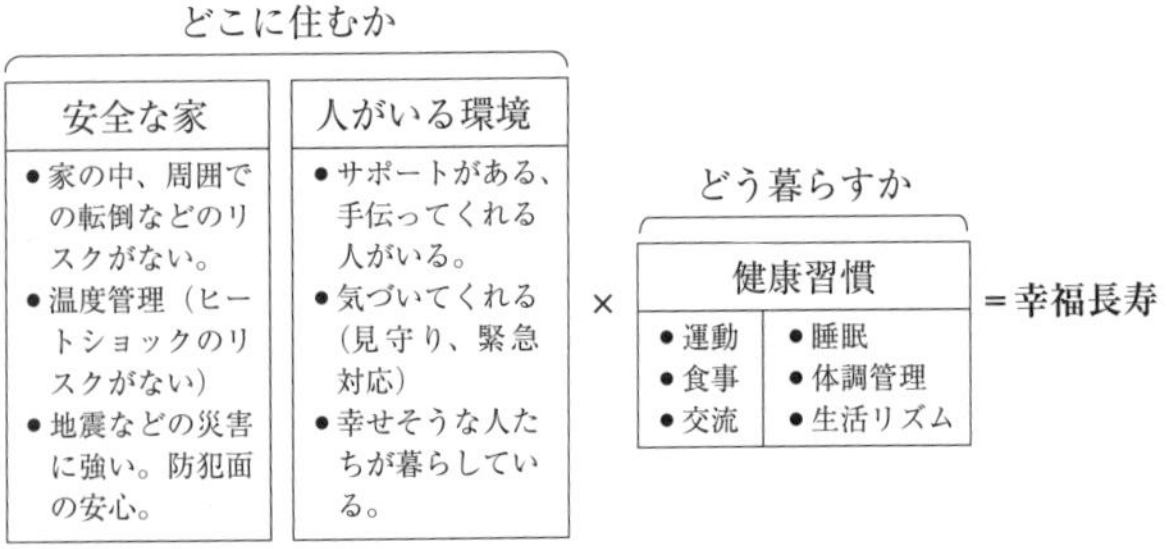

元気」「なんとかなる」「我慢が大切」「時期尚早」などと問題解決を先送りにした結果、忘れた頃に高齢期のリスクが直撃してしまい、せっかく手に入れた、だんだんと幸福感が高まっていく時期、エイジングの価値を実感できる期間を短くしてしまうのです。

高齢期に避けられないリスクを正しく恐れ、幸福で健康な長寿を実現するための考え方として、私は『幸福長寿の方程式』を提唱しています。**上図の通りですが、幸福で健康な長寿を実現するには、「どこに住むか」という生活環境の問題と、「どうやって暮らすか」という生活のスタイルや習慣における問題の、二つが大いに関係している**という考え方です。

高齢期には運動と交流と栄養が重要だと言われます。その通りなのですが、それは幸福な健康長寿を実現するための一要素に過ぎません。運動と交流と栄養に気を付けた健康習慣があるから、高齢期を健康で幸福に過ごせるわけではない。例えば、高齢期に相応しくない環境で生活していると転倒や体調の急変があり、それに誰にも気づいてもらえず、助けてもらえず、寿命（または健康寿命）がそこで尽きてしまうかもしれません。そうなってしまえば、それまでの健康習慣は意味を持ちませんし、実際にそういう方は非常に多くいます。

『幸福長寿の方程式』が掛け算になっているのは、そのためです。優れた生活習慣を実践していても、家の中で転倒して骨折・入院となり、それっきり戻ってこられなくなったら、健康の余命はその時点で「ゼロ」になってしまうということを表現しています。『幸福長寿の方程式』については、本書の後半でまた詳しく述べたいと思います。

第一章　高齢者たちの姿や声に学ぶ

「老いの工学研究所」には、約一万五千名の調査協力会員がいらっしゃいます。私はアンケート調査の数字ではなかなか見えてこない部分を掘り下げるため、会員の方たちにインタビューを行っています。その話の中には、感動したり、考えさせられたり、研究のヒントになったりすることが実にたくさんあります。まずはインタビューで伺った、人生の終盤の生き方について大いに示唆を与えてくれる五つの実例を紹介しましょう。幸福な高齢期を生きるコツが見えてくるはずです。

1　五名の高齢者へのインタビュー

①昔、夢中になったことに、改めて取り組む。

吉岡恵美子さん（仮名。七三歳・女性）は大学時代、美術科で油彩画を専攻し、人物画を得意としていました。「素晴らしいデッサンを描く先生なんですよ！」と今でも目を輝かせて語るほど尊敬できる師に恵まれ、ゆくゆくは絵の関係の仕事で身を立てるような道も考えていたと言います。その後、結婚し、家事や育児に忙殺される日々が始まったことで絵を一時中断。そのうち一切、絵のことを忘れてしまい、筆を持つことをやめてしまいました。絵を描くことに全力で取り組んでいたからこそ、単なる趣味として「そこそこに描く」ということに満足できなかったのかもしれません。

　吉岡さんは子育てを終え、七〇歳を迎える少し前に夫と死別。そのあとすぐにご自身も体調を崩された。心配したお姉様が何度も「私の近くに住んだらどう？」と誘ってくれたそうです。半年くらい迷ったものの、夫や子もいないことに孤独を感じ、それでよけいに体調がすぐれないのではないかと思うようになり、意を決してお姉様の住まい近くにできた高齢者向けマンションに引っ越し。新しい場所での一人暮らしには不安があったそうですが、そこで同年代の住人と交流を持つうちに、その高齢者向けマンションに住む人たちが、それぞれの**余裕のある時間を、自由に自分の思うように様々な活動に充てている**のを目の当たりにしました。

　昔から続けてきた趣味に没頭している人、ロビーで読書三昧を楽しむ人、サークルなどに入って新しい趣味を持つ人、ボランティアに励む人もいれば、週に一～二度くらい会社に働きに出ている人もいる……。**皆が周りに流されず、自分の意思に従って好きなように時間を過ご**

している。「そうか。こうやって生きていったらいいんだ」そう気づいた。

　夫や子がいた頃の主婦としての生活、その後の孤独を感じたり体調が悪かったりしたときの暮らし、振り返ってみれば、何かの枠のようなものにとらわれていたため、これからどうやって生きたらいいのかまったく見えなかったと言います。

　それから、吉岡さんは約四〇年ぶりに筆を手にし、絵を描き始めました。キャンバスと向き合う静かな時間に、心が満たされていくのを感じたそうです。昔のように、コンクールで入賞したい、もっと上手くならなければならないといった欲や高望みや競争意識から生まれる焦りがない。先生に評価されたいといったような、他者の目を意識することもない。**描きたいという気持ちに従って、ただ没頭するしみじみと楽しい時間。**週に一回は、画材屋さんや額縁店に足を運び、お店の人と話をすることも楽しみになっていると言います。

　お話を聴いていると、昔は、畏敬の対象でしかなかった恩師は、今や恵美子さんにとって人生の楽しみを与えてくれたありがたい存在に変わっているように感じました。明らかに時間をかけたと分かる（素人目にも素晴らしい）力作を見せていただきながら、吉岡さんが穏やかな表情で淡々と語られたのは、作品の出来ではなく、描く楽しさのことばかりでした。その表情は私などには及びもつかない境地、高齢期にしか味わえない幸福感があるのだということを教えてくれました。

②切り替える。これまでの能力・知見を活かす人

真木 正さん（仮名。七七歳・男性）は、某有名大学の大学教授を退官されてから、知り合いがやっている社会福祉法人で介護系の現場仕事に就かれ、今も週に三回ほどそこで活躍しておられます。もともとは心理学の研究者。大学教授ですから一般的には地位も名誉もある方で、仕事を続けるにしてもこの選択はかなり珍しい。

なぜ、世間的には一八〇度違うように見える介護の職場を選んだのかをご本人に伺うと、

「以前は、役に立つか立たないか分からないようなことを偉そうに人に教えていたしね。どうでもいい会議に振り回されるし。論文の数を競ったり、なんだかんだと内輪の妙な競争もあって面倒くさかった」

「だからね、これからは、**目の前にいる現実に困っている人の役に立つようなことをして、お返しをしていかないと。**大学より今のほうが楽しいねえ、正直に言うと」と、笑いながらおっしゃるわけです。こういう切り替えは、普通はプライドが邪魔をしてできません。現役時代の延長でできる仕事を探すでしょうし、だから働きたくても仕事が見つからない人が多い。真木さんのように**まったく違うステージに向かおうという勇気**は希少で、人生へのこだわりのようなものが感じられます。

インタビューをしていて気づくのは、真木さんの使う言葉がとても綺麗なこと。そして、私

が知ろうとしていることを先回りして答えてくれる聡明さ。だから私は思わず、「現役時代は、どんなお仕事を？」と訊いてしまい、大学教授だったことが分かったのですが、このようなコミュニケーションの力はもちろん、心理学の知見を活かして入所者やその家族、職員などに対するアドバイスもできるのだろうと思います。「介護現場で出会える人のほうが、学生たちよりも面白いよ。一応は元心理学者だから、それも役に立ててもらっているし」とも言っておられたので、介護というそれまでとはまったく違うステージに見えて、内面では研究者として興味深い現場なのかもしれませんし、またその力が活かせる職場なのでしょう。

　現役時代は、同じ方向を向き、同じ山の頂上を目指して、誰が早く登れるか、誰がより高い山まで登れるかを競う世界と言えます。一方で高齢期は、どの山を登るかも、どこまで登るかも、どのルートでどうやって登るかも人それぞれ。自分で考えて決めればよい。「大学教授」は現役時代の話。引退したら、また別の山を自分なりの方法で登っていく。そんな姿が真木さんのお話から見えてきました。

　欧米では一九七〇年代、高齢期を「サード・エイジ」と呼称するのが広まりました。高齢期を人生の第三ステージと意味づけるもので、日本語の「老後」や「余生」にあるような〝おまけ〟といったニュアンスはありません。六五歳からが高齢期だとすれば、現代ではそこからの人生がだいたい男性で二〇年、女性では二五年くらいあります。であるなら、その期間を人生**の新しいステージと捉え、現役時代とは心の持ちようや価値基準、そして登るべき山を切り替える。**高齢者がそうやって自分らしく老いを楽しみ、堂々と凛々しく振る舞えば、次に続く世代は恐れずに、自信を持って歳をとっていくことができるのではないかと感じさせられました。

③主婦として培ったスキルを活かした人

手塚清美さん（仮名。八五歳・女性）は、料理で地域の若い人たちと賑やかな交流をしておられます。若くして結婚し、三人の子どもを育てた専業主婦でした。夫は大手商社の営業マンで、昭和の時代で携帯電話もありませんから、酒に酔った同僚や部下を前触れも連絡もなしに急に五〜六人連れて帰ってくることがよくあった（今、そんなことをしようものなら、奥さんが口をきいてくれなくなるでしょうが）。手塚さんは料理が好きなこともあって、冷蔵庫にあるものや残り物を使って、ササっとお酒のつまみや料理を出して客人をもてなせるようになり、褒められるうちにそれが得意だと思うようになったそうです（「酔っ払いに褒められてもねえ。どうせ何も覚えてないのにね」とおっしゃっていましたが……）。

清美さんはご主人を亡くされて一人暮らしですが、現在、月に一回、自宅のリビングで料理教室を開き、近所の若い主婦に教えています。清美さんのざっくばらんな人柄も手伝って、教室がないときにも生徒さんがご自身で作った料理を持ってきて、お喋りをするようになっていると言います。

たまたま、お隣の三〇歳代の主婦から「お味噌汁の味が決まらないので、家族が飲んでくれない」という悩みを聞き、作り方を教えてあげたところ、その方のつながりで五人ほどが定期的に集まるようになったそうです。たまたまと言えばそうなのですが、**長年、主婦として培った知恵やスキルを若い人たちに還元し、地域とつながり、それを楽しみにしておられます。**

「私は、ずっと専業主婦だったから何もできないのよ」とこぼす方が多くおられますが、そうとも言えないことがよく分かります。

料理教室までされるくらいですから、料理の勉強もかねて、日頃からおいしいものをいろいろと食べておられるのかと思い尋ねると、「食べ物のない時代に育ったから、米・味噌・醤油がちゃんと揃っていれば、それで幸せだと感じるの。テレビのグルメ番組を見ると、美味しそうだとは思うけれど、ただそれだけのこと。自分も食べてみたいなとか、うらやましいなとは全然思いません。どちらかと言えば、そんな高級なお店に行くのは後ろめたいというか、申し訳ないというか、もったいないと……そう思ってしまうのよ」

「一番楽しいのは、食材を使いきるというのを教えているときですね。それが、**私たちの世代の役割じゃないかなと思うの。**料理自体は、若い人でも私より上手な人はいくらでもいるから。

若い子が野菜の皮を使って美味しい料理を持ってきてくれたら、それが最高。〝始末の精神〟もちゃんと若い人に教えないとね」

大阪の料理は〝始末の料理〟と言われ、食材を無駄なく上手に使うことが大事、これは大阪商人の心意気〝始末の精神〟から来ている、とこの時に手塚さんに教えていただきましたが、こういった知識や知恵も、今の若い世代にとっては非常に貴重であるに違いありません。高齢世代ならではの言葉で、「そんな昔からエコという発想があったの？」と、ハッとする若い人も多いでしょう。手塚さんの生徒さんたちは、巷にあるクッキングスクールでは得られない経験をしているのだろうと想像します。

④医学部生に語り、死と向き合った人

ある大手鉄鋼メーカーに高卒で就職し、六五歳で定年退職した高橋康夫さん（仮名。七六歳・男性）。彼は五〇歳で早期定年し、その鉄鋼メーカーが運営する教育研修施設の事務長を約一五年務めました。それから五年ほど、もといた鉄鋼メーカーの下請け会社で週に二〜三回勤務したあと、高校生まで暮らしていた山陰にUターン移住。その目的は、親が遺した土地でシイタケ栽培をしながら、町会議員としてさびれていく街をなんとか良くしたいということだったそうです。定年後、やりがいを見出せないままに過ごされていたようで、自分にはまだ

何かできるはずだという想いで故郷に帰ることにした。

ところが、帰郷して一年後に末期の肺ガンが見つかり、緩和病棟に入院することになってしまいます。奥様はその当時を振り返って、「なぜ自分が……という自問自答を繰り返していたように見えました」「タオルを叩きつけて悔しがっていたときもありました」とおっしゃっていました。そんな苦しい思いを抱える高橋さんに声をかけたのは、入院していた病院の院長。「大学の医学部生に話をしてやってほしい」。医師を志している学生一〇名ほどを集めるから、死を前にした人の気持ちを伝えてほしい、治すだけが医師の仕事ではないということを高橋さんの姿を見せて伝えたいというわけです。

奥様は、**医学部生に話をしたあと、康夫さんの表情は大きく変わり、見違えるように生気を帯びた**と言います。

世界的なベストセラーとなった『死ぬ瞬間―死とその過程について』で医師である著者のエリザベス・キューブラー・ロスは、死にゆく人の心理の変化を五段階で捉えています。

一．否認と孤立（命が長くないことに衝撃を受け、否認・逃避し、孤立する）
二．怒り（「なぜ、自分だけが」と思い、反発や怒りがこみあげる）
三．取り引き（なんとか奇跡が起こらないかと考え、神仏にすがるなどする）
四．抑うつ（諦め、むなしさ、絶望といった気持ちが支配し、落ち込む）

五．受容（死を自然なものとして受け入れる。次元を変えて心静かになる）

これに従えば、高橋さんは医学部生に話す機会を通して、「五．受容」の段階に達したのだと思います。院長の想いに対して自分は何ができるのか、高橋さんはそう考えた。学生たちを前にして逃避したり絶望したり、落ち込んだりしていてはいけない。**自らの死を受け入れた者のあるべき姿について考え、自分が学生たちに発するべき言葉を悟った**のでしょう。そうして受容段階に至り、奥様から見ても大きく変わった。

受容段階に至った人の話の深さや迫力、前途ある若者に何かを残そうという意欲、そして話し終わったあとの何かを伝えられた実感。これらが、現世への満足につながり、生気あるいい表情につながったのかもしれません。これをきっかけに、死後の一切の手続きや意思を書き残し、死んだあとに連絡してほしい友人らの連絡先なども全て一覧にし、ある日、穏やかに旅立ったそうです。息苦しそうにはしていたそうですが、前日まで、孫たちと携帯電話で楽しそうに会話やメールのやりとりを続けていたと言います。

「欲求五段階説」を唱えたアメリカの心理学者アブラハム・マズローは、晩年、**五段階目の「自己実現」の上にもう一つの欲求として「自己超越」がある**と述べています。簡単に言えば、自分が何かを成し遂げたあとは（あるいは、自己実現に対して一定の諦めがついてしまえば）、次は**自分のことではなく、他者の成功や幸福を願う気持ちやそれに貢献したい欲求が生まれてくる**ということですが、学生たちに自分の想いを伝えたことで、高橋さんは六段階目に到達した満足に包まれていたのかもしれません。

⑤信仰と出会い、死への恐れから解き放たれた人

老いや死と向き合う際には、信仰が力を発揮することもあります。

山木茂雄さん（仮名。七九歳・男性）は、子どもたちが独立したあと、夫婦二人での暮らしを楽しむために、郊外の一戸建ての広い家を売却。駅に近い立地の良いマンションに引っ越しました。歳をとったら部屋数は少ないほうがいいし、広い庭も手入れが大変、郊外は人が少なくて寂しいし不便だという理由だったようで、最近は、このような選択をする高齢者が増えているようです。

ところが、夫婦二人で楽しむために住み替えたのにかかわらず、半年後、奥様に末期の大腸ガンが見つかり、約一年の闘病の末に亡くなってしまいました。奥様は、なぜだか病気が発覚する一年も前から仏教を学び始め、本を読むだけでなく、通信教育にも取り組むほど熱心だったそうです。

茂雄さんは奥様の闘病生活を振り返り、次のように語られました。

「末期ガンだと分かってからの日々の様子、暮らしぶりはそれまでとまったく変わらなかったんですね。これは、仏教を学んでいたからでしょうね。最期は自宅で亡くなったんですけど、驚くほど穏やかで、ほんとうに安らかでした。あの一年間の姿は、嫁さんながら立派で、尊敬しました。私には、とてもあのような最期を迎える自信がないです」

「今、思いますと、最後の一年がそれまでで一番、夫婦の仲が良かったような気がするんです。なんでだろうなーって。私がそれまで、ちゃんと嫁さんのことを思い遣っていなかったのかなと。嫁さんが、最後くらいは私に優しくしてあげようかと思ってくれたのかもしれないけど。そこは、訊いてみたいね。なんで、訊かなかったのかなあ」と涙ぐんだあと、「俺も、仏教を勉強したほうがいいかな」と笑っておられました。

高齢期の暮らしにおいて、信仰を支えとする方は少なくありません。様々な喪失経験を受け入れ、適応していく必要があること、また、**歳を重ねるにつれて人智や理屈を超えたものを実感できるようになる**からでしょう。欧米では幼い頃から宗教を学び、信仰を自覚するようになりますし、高齢者施設において死について宗教を通して学ぶ講座などが開かれているケースがあり、これが老いや死に適応していく力を高めているのだと思います。しかし、日本はそうではありません。むしろ、神道では死は「穢れ」であって口にしない、見ないようにする対象です。仏教も多くの人にとってお葬式のときくらいしか触れることがありません。その結果として、老いや死に適応する力が弱くなっている面は否定できないでしょう。

山木さんの奥様は七〇歳代で仏教と出会いました。**高齢者ゆえの、仏教の言葉を自分に染み込ませることができる成熟した人格や精神があったのでしょう。**それが、山木さんをして「嫁さんながら立派」と言わしめた要因となりました。このエピソードは、死に対する姿勢を言いたいために紹介したのではありません。山木さんの奥様は、老いに向き合いながら高齢期を平穏な心で生きていくためのコツを私たちに示してくれていると思うのです。

まとめ：「切り替え」「たな卸し」「自己超越」

五人の方をご紹介しました。簡単に、まとめてみたいと思います。

- 昔やっていた「油絵」。上手くなろう、人に評価されたい、ではなく「ただ自分で楽しむ」ために再開する。
- 大学教授から介護職へ。異なる目標を持ってステージを切り替える。でも、そこでこれまでの能力や知見が活かせる。
- 主婦として培った料理の腕を活かして、若い人たちと交流。高齢者ならではの「始末の精神」も伝える。

- 死への恐れや怒りから、医学部生の役に立とうとすることで死を受容。伝えることで、自己超越の欲求を満たす。
- 信仰と出会い、人生の最期を穏やかで立派に過ごした。高齢期の喪失に上手に適応しながら生きるための方法。

この五名の方々から、高齢期を幸福に暮らすためのポイントが、三つ見えてきます。

▼切り替え

絵を再開した吉岡さんには、**「評価されたい」から「自分が楽しい」へと価値基準（大切にする視点）を変える**ことの大切さを教えられます。元大学教授の真木さんは、目標や働きかける対象を変えました。発表した論文の数を競ったり、その意味や効果が分かりにくい学内の業務に振り回されたりするのではなく、目の前の困っている人に、直接的に役に立っている実感が持てる仕事をしたいと考えました。

よく「高齢期は、現役時代とは違う目標や新しい役割を持って」と言われますが、この二人の例を引けば、「価値基準を切り替える」（＝大切にしたいことを変える）ということでしょう。

頂上まで誰が一番早く登れるかを競うようなことはやめて、他の人がどう思おうが、自分の好きな山に自分のペースで、自分の好きなコースを山の景色などのプロセスも楽しみながら登っていく。別に頂上まで登る必要もない。そんな切り替えが大切なのだと思います。「山を登る」という行為は同じでも、**「登る山、登り方、登る高さ、登る楽しみを変える」**ということです。

▼たな卸し

吉岡さんには昔やっていた「絵」がありました。真木さんには「心理学者としての知見やキャリア」がありました。手塚さんには専業主婦として、あるいは経済的に豊かではなかった時代の「主婦の知恵（例えば、始末の精神）」がありました。

「高齢期にやることがない、大してできることもない」とおっしゃる方は（特に男性に）多くおられますが、この三人も決して「私はこれができる」「これを活かそう」と自覚して高齢期に入ったのではありません。いずれも、**たまたま出会った人たちやその場に触発され、培ったものを活かせる偶然の機会を見つけています**。この三人は決して特別な人たちではありません。「高齢期にやることがない、大してできることもない」と言う方が多いのは、本当なのだろうかという疑問が湧いてきます。

確かに、現役時代は会社の仕事に時間をとられ過ぎて、今さら「自分に何ができるか」と問われても分からない、あるいは子育てや家事などで自分の時間がなかったために、一生懸命になれるような趣味などを持てなかった、と感じる人もいるでしょう。

中高年男性が転職の際に応募先の面接官に「あなたは何ができますか？」と問われて、「部長ができます」と答えたという古い笑い話がありますが、会社の部長というのは会社が与えた肩書き、つまり外形であって、その人の知識や経験、具体的なスキルや人脈、人格や見識とは関係がありません。この話は、日本企業に勤める主に男性管理職の、外形重視で内面や能力に対する自覚のなさを揶揄しているわけですが、「高齢期にやることがない、大してできることもない」という言葉は、これに近いものを感じます。**「ビジネスパーソンだったから」「専業主婦だったから」というのは外形であって、その人自身の中身ではない**からです。

絵を再開した吉岡さんのように、「忘れていたけれど、実は得意だったこと」「やりたかったけれどできなかったこと」もあるでしょう。子ども時代に遡って考えてもいい。心理学者だった真木さんにも、主婦として長く料理をしてきた手塚さんにも、仕事を通して（料理や家事は立派な仕事です）、蓄積していた知恵や能力がぎっしりと引き出しにたまっていました。それがひょんなことから機会や人と上手に結び付いたというだけです。

体も元気で、能力も十分で、やろうと思えばできることはたくさんあるのに、何をしていいか分からない。それなら、まずは**人生やキャリアを振り返って「たな卸し」をしてみること**。三名の方々と同じように「たな卸し」ができるかもしれない場に参加してみるのも手かもしれません。

▼自己超越

「自己超越」とは、自分へのとらわれがない状態を言います。**自分の目標や欲求や課題、ひいては自分の存在に対してもとらわれていない状態**です。だから、「誰かのために」と思えるわけです。高橋さんは、未来ある医学部生のために、また自分に依頼をしてきた病院長のために役に立ちたいという想いを持たれ、自己超越の欲求が湧いてきたのでしょう。話をしたあとその欲求が大いに満たされました。山木さんの奥様も、仏教を学んだ影響も大きかったのでしょうが、死を受け入れ、死に向かっていく中でとらわれがなくなり、尊敬に値する人生の最期が生まれました。「これからは、目の前にいる現実に困っている人の役に立つようなことをして、お返しをしていかないと」という真木さんの言葉も、「誰かのために」そのものです。始末の精神を教えている手塚さんも、「若い子が野菜の皮を使って美味しい料理を持ってきてくれたら、それが最高」と言っています。

「老いの工学研究所」でアンケート調査をしますと、会員の方から電話がかかってきて

「ちょっと設問の数が少ないよ」と言われることがあります。「もっといっぱい質問してよ、君たちの研究に役に立ちたいんだから」という意味です。返送されてくるシートには、欄外に意見や感想、そのほかいろいろな声を書いてくださる方も、それはたくさんおられます。書いてある内容もさることながら、その背後にある気持ちが「君たちに、面白い素材を提供してあげよう」「こんな研究をしてみてはどうだ」といった応援メッセージのように読め、頭の下がる思いがするとともに、高齢者の「役に立ちたい」という気持ちの強さを実感します。

私は今、「高齢者の心身の健康維持のメカニズム」について、大阪大学や企業と一緒に研究を進めていますが、ここでも似たような話があります。その研究は質問紙・問診票・腕時計型の器具を使って、幸福感や気分と身体の状況について数日間の測定をするものですが、参加者を多く募るために、測定後に各々の健康状態を分析・診断した内容を報告するようにしました。ところが参加者の中の少なくない人が、「健康状態は自分で分かっているから、報告書は不要だよ。でも大阪大学でしょ。地元の大学が研究しているんだから私も協力しないとねえ」とおっしゃるわけです。これはもう「役に立ちたい」という気持ちだけです。

こんな経験からも、高齢者の心を動かすのは、目標や報酬などよりも「人の役に立つ」ではないかと思います。そう考えると、**やりたいことや得意なことを見つけようとするよりも、「役に立てる」場に身を置いてみるのも一つの手**で、そんな場にいると、やる気がふつふつと湧いてくるかもしれません。

2　お便りから見える、高齢者の四つの想い

次に、私たちが実施したアンケートに書かれていた高齢者の声をご紹介しましょう。そこから、今、高齢期を生きている人たちの実感について考えてみたいと思います。いただく声は様々ですが、その中で比較的多い「高齢期の楽しみ（活き活きと暮らしている方たちの声）」「死について」「医療や諸制度」「最後の居場所」の四つに分けています（誤字脱字や句読点の修正以外はそのまま掲載しています。また、字数の関係でそれぞれ一〇個に絞っています）。

高齢期の楽しみ

①　昔、日本舞踏を習っていました。そのおかげで、今も杖いらずで頑張っています。習っているからには披露会に出たいと思っています。高齢になりましたから、少々費用がかかりますけど、最後の楽しい日舞です。（八五歳・女性）

②　八二歳の今も仕事（教育関係）とボランティア（老人ホーム）をやっていて、生きがいがあるから健康なのだと思っています。今後とも、頭と体のトレーニングをやっていきま

す。（八二歳・男性）

③　十年以上になる、高レベルの合唱団にもうついていけないかと思った時、全く苦手でやったこともないシニア演劇大学に入りました。三十代の役を演じました。素晴らしい経験でした。合唱も続けています。（六九歳・女性）

④　現在、地域のボランティアをしております。夏祭りや餅つき大会、防災訓練、一人暮らしの給食会など、まだ何とか人さまのお役に立てる立場にあることを感謝しております。一番の悩みは健康です……。（七二歳・女性）

⑤　配偶者が五年前に亡くなりました。いっとき、大変不便な思いをしましたが、生前に妻に仕込まれたおかげで（?）、一応、元気で一人自立生活をしています。（八九歳・男性）

⑥　戦前戦後の苦しい時代を生きた女性です。今が一番幸せに生活しております。自分がしたい仕事ができ、人のために、世の中の人々達のために生きられ、今は自分自身が自立した生活をエンジョイできることがなによりです。（八二歳・女性）

⑦　長寿のためには、まず健康であることが第一。また、自宅に引きこもらず色んな催しや会合に出かけること、人と接するようにすることだと思います。（八九歳・男性）

⑧　セカンドライフを満喫しておりますが、何でも情報が大事な世の中です。見る知る聞く話す、人が生活する上での基本です。（八七歳・男性）

⑨ 同居家族がいて二世帯住宅ですが、一階はひとりで暮らしています。寂しいと感じたことはありません。教室を持っていて教えていますし、卓球にも打ち込み充実した毎日です。まだ元気ですので幸せに感謝して暮らしています。（七五歳・女性）

⑩ 活力ある生活は各個人により多種多様だが、それは己の努力次第で良くもなり悪くもなる。常に感謝の気持ちで、青い心で、老いを愉しめるように努力することが必要です。（八七歳・男性）

「死」について

① 若い時と同じように健康に楽に生きられるなら、まだまだ生きても楽しいでしょうが、何かと大変な生活になってきました。もういいかなあと思います。（八七歳・女性）

② お金はあっても体があっちこっち悪くなってくると、心細く寂しい。早く死にたいと思うようになるので平均寿命が80歳くらいでもいいと思う。（八八歳・女性）

③ 老後は例えるなら「夕日」、沈みゆく夕日です。明るく真っ赤に燃えて輝きながら沈んでいきたく思います。（七三歳・女性）

④ 老いてすることがなくなり、社会に対しても何ら役に立てず過ごす生活は無用です。老人は長生きすべきでないと考えますが、また、今の時代は死ぬことも難しいです。（八三

歳・女性）

⑤安楽死に関心がある。それは無理でも、自分の死ぬ権利を、認めてほしいと思っています。そんな社会になることを願っています。（七三歳・女性）

⑥体の具合により、早く死んだほうが楽と思ったり、調子のいい時は、もう少し生きるのもいいかもと考えたりします。（七八歳・女性）

⑦この年になれば、無駄な治療は要らないと思っています。但し痛い、苦しいというのは取り除いて欲しいです。一日も早い尊厳死の法制化を望みます。（七八歳・女性）

⑧老いも死も恐れず受け入れますが、老いて人様に迷惑をかける事、死ぬための苦痛を大変恐れているのです。何とかなりませんでしょうか。（八七歳・女性）

⑨刻一刻と状態も変化する、人の心も左右される。入眠後、朝が来ない日を夢見ています。（八三歳・女性）

⑩八〇歳を越えて重病にかかった時、尊厳死・安楽死をできるなら法制化してほしいと願った。（八七歳・男性）

医療や諸制度について

①先日、テレビのドキュメンタリーで、一四種類の薬を飲んでいた人が立ち上がることも

出来なくて、人の手を借りてやっと歩いていました。その後、別の先生に診てもらい、薬が二種類になりました。すると、一人でスタスタ歩けるようになっていました。なんのための薬なんですかね？（六六歳・女性）

②実母は一年三ヶ月入院し、先月亡くなりました。約一年間は意識もなく、たまに目を開けたり、口を開けたりして、分かっているのだろうかと思いながら見つめていました。母にとってあの一年はどんな一年だったのか……と未だに考えてしまいます。（七三歳・女性）

③私は医療費二割、支払っています。高齢者全員二割支払うべきです。老人のパスや割引などもなくしたほうがいいです。若い人たちのほうが困っているし、若い人たちのほうが未来があるのだから。（七二歳・女性）

④高齢者の医療費は、負担割合を五割以上にしたほうがいいと思う。なんでも薬で良くなっていると思ってることを、間違いと早く気づいてほしい。医者の言うことを信じすぎている。（六五歳・女性）

⑤高齢者でも、喜んで治療を受けている人が多数いるとは思わない。働いている若い人々に、負担をかけて申し訳ないと思っている人のほうが多いと思います。（七八歳・男性）

⑥しっかり収入のある高齢者は、税金や保険料を現役並みの負担をしたら良いと思います。

それを若い世代に還元すべきです。（八一歳・女性）

⑦ 若い世代の暮らしやすい社会。子育てに夢の持てる社会。それでいて、収入を自分のために使える世の中は平和だと思う。老人に薄く、若い人に厚く!!（七四歳・女性）

⑧ 税金の多くを、老人医療及び生活保護に使っている。不必要な治療（延命処置等）より、若い世代のために税金を使った方が日本の将来のためになる。医者、医薬品メーカー等が、税の恩恵を受けすぎていると思う。（七七歳・女性）

⑨ 高齢者には、病院や施設に安易に頼りすぎている人が多い。私の理想は、ちょっとだけサポートを受けながら、自立してできる事をやって生きること！（七〇歳・女性）

⑩ 延命治療に無駄な税金を使いすぎている。私は延命処置拒否文書を書いて、早々と終活を始めました。健康で、コロリと死ねたら最高と思っています。医者と薬は嫌いですから、何とか自力で頑張っています。（八〇歳・男性）

人生最後の居場所

① 自立して暮らしているつもりでも息子・娘は結構、心配らしい。最近は、夫（八七歳）の依存度がますます高くなり閉口します。子どもに頼ることなく、自宅で自立しつづけるのをライフワークとして目指します。（七八歳・女性）

②　生涯現役で生活したいと思いますが、高齢になると何が起きるかわからない。私は、ボランティア活動をし、元気をもらっていますが、施設に入った方の現実の話を聞くと悲しいと感じている。（七七歳・女性）

③　最後は老人ホームではなく、たとえワンルームでもいい、自分の家で自分らしく最後は迎えたいです。（七八歳・女性）

④　高齢の一人暮らしの人々の行く場所がいる。幸せになれるところ、「コミュニティ・カフェ」（筆者注：行政などが運営する高齢者の集い場）とか近くにあればと願っている。人と話すところ、聞くのもいい。かかわるところ。（六九歳・女性）

⑤　最近九〇歳の先輩が、奥様がなくなられて六か月後、老人ホームに入られました。自分も他人事ではないと思うが、何があっても自分は自宅での介護を望んでいる。老人ホームへは行きたくない。（八〇歳・男性）

⑥　夫を亡くし、一人暮らしです。幸い、ご近所さんの力が強く、安心して住めています。（六六歳・女性）

⑦　今は元気で車の運転も出来ますが、近い将来、住み替えたほうがいいと思うので、今のうちに多くの情報を集めておきたいと思っております。（六八歳・女性）

⑧　母を施設に預けたことがある。しばらく経って不便なので、職場を変わって家に連れて

帰る事にしたとき、突然母が亡くなった。取り残された私が今、母の年齢に近づいてきて自分の居場所について不安を感じている。（七九歳・女性）

⑨ ほとんどの時間を、一人でぼうっと呑気にすごしております。もっと賑やかな場所に行って、サークル活動や地域活動などに積極的に参加したほうがいいんだろうなという思いもありますが、余生はマイペースで、その時の気分で過ごしたい気持ちもあり、一歩前に進めないでいます。（七四歳・男性）

⑩ 一〇年主人を介護しました。去年、自宅で亡くなりましたが、今は私が最後まで看取りが出来て良かったと思っています。（七九歳・女性）

高齢期の四つの想い

「高齢期の楽しみ」「死」「医療や諸制度」「人生最後の居場所」。なぜこの四つに関する声が多く寄せられるのか。これが高齢者の四つの関心事（あるいは悩みごと）だというのが、私の考えです。この四つに同時に向き合いながら暮らしているということです。高齢期の楽しさを感じている人が、死や医療や最後の居場所についてまったく考えていないわけではない。死について深く考えているからといって、高齢期の楽しみを失っているというわけではない。皆が、どう楽しむか、どう死ぬか、医療や介護はどうあるべきか、人生の最期をどこで迎えるか、について同時に考えざるを得ない。それが高齢期なのでしょう。

四点について、寄せられたアンケートから簡単にまとめておきたいと思います。

●「高齢期の楽しみ」については、やはり役割や居場所とは切り離せないように見えます。また、日常のちょっとした出来事の中に幸せを感じ、楽しみを見出せる高齢者ならではの豊かな感性もそこに感じられます。

●「死」に関する声は、毎回、本当に多くいただきます。以前、日本尊厳死協会の講師を招いたイベントも盛況でした。「尊厳死の法制化を望む」という長文のお手紙をいただいたこともあります。延命治療などによって無理に生かされるのを非常に嫌がっておられる方の多さは、日ごろ接していてよく分かります。「死」は政治もメディアも取り上げにくいテーマのようで、それゆえに社会的レベルで議論される状況にはなかなか発展しません。が、それゆえに現実には悩ましい事態が頻繁に起こっており、本来はもっと早く、広く議論されるべきテーマだったと痛感させられます。

●「医療・諸制度」では、意外かもしれませんが「高齢者に手厚過ぎる」という声が高齢者から多く寄せられます。「若い人たちは可哀そうだ」「年寄りに金がかかり過ぎて申し訳ない」といった声です。そして、そんな手厚い制度に乗っかって平気な同世代の人が少なくないことを嘆いてもいます。また、治療し過ぎ、薬を出し過ぎといった医療への批判もあります。一般に、高齢者に医療費がかかり過ぎていて、それは高齢者が無駄に医療費を使い過ぎているからだといった見方がありますが、高齢者はそれほど無神経でも利己的でもありません。高齢者に莫大な医療費がかかっているのは、高齢者自身というよりむしろ医療や医療制度に問題ありと冷静に見抜いている人が多いように感じます。特に、終末期医療に関する問題を感じておられるようです。

●「人生最後の居場所」への関心が高いのは、いつかは今の家に住めなくなるのではないかという不安を多くの人が抱えているからでしょう。できれば、愛着のある家に住み続けたいと思うけれども、高齢の夫婦二人または一人暮らしになったとき、様々な不便や不都合や危険が出てくるのは見えている。かといって、住み替えたいと思える家は思い当たらない。そういう状況だと思います。老人ホームに対する不信感もよく書かれています。過去に親を老人ホームに入れたものの、その後の親の姿を見て、今も後悔にかられているという声も多くあります。だから、自分は絶対に入りたくないと思っているのかもしれません。自宅がいいけど、人生の最後までは住めないかもしれない。かといって施設はいやだ。では、どうすればいいのだろう。そんな迷いが見えてきます。

第二章　現代の高齢者は、どのような人たちか？

1　「共同体」という視点からみた高齢者の現状

第一章では、五名のエピソードと、「老いの工学研究所」のアンケートに書かれていた声から、高齢期をうまく生きるためのコツ、高齢者の悩みや課題について考えました。この章では、高齢者が生きてきたこれまでの時代の変遷を俯瞰し、都市化や核家族化、地域コミュニティの希薄化・解体、男女分業の固定化といった現象について、また時代の移り変わりとは関係なく横たわる、「日本社会特有の共同体」という視点から、今の高齢者の置かれている状況について述べていきたいと思います。

鬱陶しい「ムラ共同体」を出た人たち

私の母は今年八一歳になります。二〇代前半に結婚し、祖母を一人残して田舎から神戸に出てきました。一九六〇年代のことです。私は中学生の頃、夏休みになると必ず祖母の家（母親の実家）へ行き三週間くらいは祖母と二人で暮らしていました。到着すると必ず近所のお年寄りたちがやってきて「〇〇さんの孫か。大きくなったなあ」と声をかけてきます。夕方には、また別の人が野菜やちょっとした料理を持ってやってくる。酒と肴を抱えて、ずかずかと家に上がってくる爺さんもいました。朝起きると、近くに住んでいた親戚のオジサンが既に顔を赤くして居間でビールを飲んでいて、「お前もそろそろ飲んだらどうや」と勧められて閉口したものです。

思い出してみれば、そこでの会話は、「あそこの家の〇〇ちゃんが、〇〇大学に入った」とか「あそこに来た嫁は挨拶もせんし、果樹狩りの手伝いにも来ない」といった噂話がとても多くありました。その話の内容を詳しくは理解できませんでしたが、狭い世間の中で一人一人の動向が筒抜けになっていて、それを皆があれこれと〝評価〟していることくらいは分かりました。調味料の貸し借りは当たり前。風呂がない家の人に、「沸いたよ」と声をかけてお風呂を勧める。（そのまま上がり込んで酒を飲んでいる人もいました）。雨が降ったら、近所の留守宅に行って、洗濯物を入れておいてあげる。葬式は年寄りが仕切って地域全体で行い、全員参加。

挙げていけばきりがありませんが、相互理解と助け合いがある一方で、それがしがらみや軋轢を生み、プライバシーがなく、監視や評価の目にもさらされる。そこには**今では想像できないような、濃厚なムラ社会、強いストレスを含んだ共同体、誰も逆らうことができない「世間」という存在がありました。**

「世間さまに顔向けができないようなことはしない」というのは、程度の差はあれ日本人に組み込まれた行動規範です。皆が、世間体を気にしながら生きている。自分の意思や基準ではなく、また、時には法やルールにも増して、「皆がどうしているか」「これまでどうしてきたか」「皆が違和感を持たないようにするためには」と考え、瞬時に様々な忖度を巡らして自らの言動を選択します。世間こそが正義。世間が許せばよくて、世間が許さなければアウト。世間というものの存在を感じさせる言葉も、「出る杭は打たれる」「身内」「ウチでは／ソトでは」「空気を読む」「村八分」「外人」などたくさんあります。

私の母を含めた今の高齢世代は、このような〝濃厚な世間〟が存在していたムラから都会へ大量に出てきた世代です。就職や結婚は確かにきっかけではあったけれども、むしろ、そんなムラ共同体の息苦しさ、不自由さから逃れたかったのではないでしょうか。その世代は「都会への憧れ」と言ったのかもしれませんが、本音は「ムラからの脱出欲求」ではなかったかと思います。

新たなムラ、そして共同体を失う

　しかし、都会に出てきて待っていたのは、「会社」という新たなムラでした。都会には自由や夢がある、窮屈な〝世間〟に縛られない広い世界に出てきたと思ったのに、「出る杭は打たれる」「身内」「ウチでは／ソトでは」「空気を読む」〝世間〟は、会社にも厳然と存在していました。入った会社では、職場という共同体を乱さないように振る舞うことが、（暗黙のうちに）求められました。専業主婦になった女性にも「社宅」という、息苦しい新しいムラがありました。世間体を気にして暮らすのが嫌で都会に出てきたというのに、また新たなムラ社会に巻き込まれてしまったわけです。

　最初は当惑したでしょうが、次第に立派なムラ社会の一員になります。私の父親もすっかり会社人間となり、有名大学の人たちに囲まれた職場で高卒の悲哀を味わいながらもムラのためによく働き、ムラに尽くし、ムラの人たちをよく家に連れてきたりもしました。会社の運動会にも何度か連れて行かれ、お昼にはいくつかの家族がまとまって弁当を広げましたが、まったく馴染めなかったのを覚えています。今から考えれば、子どもには理解できないような、ムラの大人たちの微妙な目配りや気遣いが交錯するような難しい場だったからではないでしょうか。住んでいたのは同世代が多い新興住宅地で、両親と同じく地方から出てきた人が多かったと思いますが、そこにもやはり新しくムラができていて、子どもの頃に母の実家がある田舎で聞いたような噂話が絶えませんでした。

　とはいえ、なんとか会社で空気を読みながら三十数年を過ごし、定年退職した。勤め上げたら、田舎にでも帰ろうか。昔は鬱陶しい共同体だったが、それは自分の若さゆえであって、今ならなんとか周りと合わせながら、楽しくのんびりと暮らせるだろう。昔の友達もいるし、人生の最後に故郷に貢献するのもいいじゃないか。歳をとったら、自然が豊かで空気もいい場所でのんびりと暮らしたい。この世代には、そんな風に漠然と考えていた人も多かったでしょう。

　ところが、いざ冷静に見てみるとそこにはもう昔の故郷はありません。過疎化が進んで人が減り、店もどんどん潰れ、実際に暮らしたらとても不便な生活になるのは明らか。昔の友達も出て行ってしまっているし、親しい知り合いはごくわずかで、馴染めるかどうか不安になる。人が減っているので助け合いもできなくなっているから、良くも悪くも共同体としての体をなしていない。よく見てみれば、故郷に自分の居場所はもうないということに気づくわけです。

嫌で出てきた田舎のムラ。脱出したら今度は会社にムラがあった。そのストレスに耐え続けてようやく会社のムラから逃れ、故郷に帰ろうと思ったら、そこにはもう居場所がなかった。自分の居場所はどこにもない。「私の存在を認めてくれる共同体はどこにあるのか？」特に男性に顕著ですが、これが現在、高齢期を迎えている方々の背景です。

せっかく、定年して鬱陶しいムラから逃れたのだから、もう何の共同体にも属さなくていいのではと思う方もいるでしょう。世間など意識することなく、「個」として自由に生きていけばいいじゃないかと。確かに、理屈はその通りですが、現実には多くの日本人にとってそれはかなり難しい。著名な心理学者、河合隼雄先生は『母性社会日本の病理』の中で次のように指摘しています（学生時代、河合先生の講義を受けていた憧れの人なので、敢えて「先生」と呼びます）。

「西洋人と日本人の自我構造の相違は、対人関係のあり方の中に如実に反映される。日本人の場合は、人間関係の基本構造として、無意識内の自己を共有しあう者の関係として、無意識的な一体感を土台としている。これは西洋人の場合のひとりの『個人』と他の『個人』が関係を持つという形態とは著しく異なるものである。（中略）日本人にとって、好ましい関係は、契約による関係ではなく、『察しのよい』関係である。（中略）筆者はこのような考え方の相違を、日本における『場』の倫理と、西洋における『個』の倫理の対立として論じてきた。『場』の倫理に従えば、個人を際立たせることはきわめて危険であり、いかに能力があっても、うっかり行動すると場の外に出ることは死を意味するので、これは大変なことである。」

「**わが国においては、場に属するか否かが全てについて決定的な要因となるのである。**場の中に『いれてもらっている』かぎり、善悪の判断を越えてまで救済の手を差しのべられるが、場の外にいるものは『赤の他人』であり、それに対しては何をしても構わないのである。」

河合先生は、日本人の言動は、属している共同体の曖昧な（言語化されない）総意に依存している。また、共同体に属している限り、その共同体から〝救済の手を差しのべられる〟が、属していないと（場の外に出ることは）、危険である（赤の他人になってしまうと、何をされるか分からない）と喝破しています。身内を頼りに生きている日本人にとって、「個」として生きるのは極めて難しいという指摘に、私は大いに同意します。欧米人のように、神という存在や神への信仰があり、神の評価を正義とした上で「個」として振る舞うことは、ほとんどの日本人にはできません。卑近な例で言えば、欧米ではエレベーターに乗り合わせたとき、知らない人であっても挨拶をして、ちょっとした世間話をするということが自然と行われますし、駅で大きな荷物を抱えている人がいたら手助けするのがごく普通の行動で、女性や障碍者やお年寄りを優先するのも当たり前です。それは神の視線、正義の基準に則った行動です。しかし、日本人は「ウチ」か「ソト」か（知り合いかそうでないか）が基準であり、赤の他人にはとても冷たい。場合によっては、攻撃対象にさえしてしまう。そんな「共同体の論理（身内かどうか）」を基準にした行動様式が染みついているのに、「個」として生きていけるでしょうか。身内や世間なしに、個として振る舞えと言われれば多くの場合、ひどい孤立や孤独を感じるだけに終わるはずです。

キレる高齢者が失っているのは「世間」

高齢者と「世間」や「共同体」の関係について、昨今の話題をひいてもう少し話をします。

飲食店や小売店でアルバイトをしている学生たちは、一様に「高齢男性は怖い」と言います。店内でマナー違反をしたり、些細なことで文句を言い始めたり、怒鳴ったりする人が少なくないからです。接客のシーンにおいて、高齢男性は極めて面倒くさい、警戒したほうがいい存在になってしまっています。もちろん高齢女性にもそのような人はいるでしょうが、圧倒的に高齢男性が恐れられているというのが現状です。

「世間」をキーワードにすれば、これは分かりやすい現象です。

マナーというものには（少なくとも日本人にとっては）「世間を安定的に維持する手段」という面があります。あるいは、世間に馴染み、世間の一員として共同体を乱す意思を持たない者であると証明するための手段とも言えるでしょう。私たち日本人はそのときに属している世間の中で、その安定を乱さないような言動を選択し、その安定に寄与する役割を演じ続けてきています。つまり、**世間というものの存在が日本人のマナーをよくしている。逆に言うと、日本人は世間を失うとタガが外れやすくなる。**そう考えると、高齢者にマナーの悪い人が多くいることも説明がつきます。高齢期になると世間（属する共同体）が狭くなったり、なくなってしまったりするからです。

先に述べた通り、生まれ育った故郷にはもちろん、都会へ出て会社に就職しても、そこには世間がありました。定年などで職場を離れる、配偶者や友人を亡くす、身体的な衰えによって活動範囲が狭くなる、郊外での一人暮らしにより他人との交流がなくなるなどして、それまでの人生において、ずっと自分の言動の選択基準となってきた世間を喪失していきます。それは特に、会社に人生を捧げてきた男性に顕著です。それまで世間が提示してくれていた「正義」はどこにもありません。「空気」を読もうにも読む「空気」がありません。**世間を失った高齢者ほど、マナーが悪くなる**わけです（そう考えると、立派で格好の良い高齢者は、様々な活動や交流がある環境に身を置き、世間を感じ続けているのでしょう）。

「キレる高齢者」についても同じように考えられます。学生時代には、いわゆる不良少年がいましたし、いつの世も反社会的な行動をとる人は常にいて、世間の安定を乱そうとするわけですが、それは元を辿れば、世間の側が彼らを「仲間外れ」にした結果（彼らがそう感じた結果）としての反発や抵抗という面があります。同じように、**高齢者がキレるのは、高齢になって世間を失ったときに「仲間外れ」にされたと感じるから**でしょう。いわば〝村八分〟にされているように感じ、なぜ自分を除け者にするのだと恨んで反撃する。何か良からぬ事をした結果として村八分にされるのならば分かるけれども、自分はそれなりに努力をして社会に貢献してきたにもかかわらず、なぜそのような扱いをされなければならないのか？という怒りの発露です。

定年退職して仕事で得た肩書きは外れているのに、いつまでも高い自己評価を維持し続け、そのプライドが邪魔をして新しい居場所に馴染めない人たちがいます。街の中ではただの高齢男性のひとりに過ぎませんから、特別な対応を受けることはありません。そして、本来得られるべきだと考えている社会的な承認が得られないことへの憤りが生まれます。以前に所属していた共同体から受けた承認や称賛を、違う共同体に求めるのは無理があるのですが、それに気づかずにキレるのでしょう。

高齢者の運転免許証の返納に関する問題も、似たような背景があるように感じます。周囲からすれば、免許を返納しても公共交通機関を使えばいいし、敬老パスもある。そもそもそれほど外出しないのだから、必要なときにタクシーを呼べばいいじゃないかということになりますが、車は現在の高齢者にとって、ただの生活の足ではありませんでした。

車離れを指摘される今の若者には分かりにくい感覚でしょうが、かつては運転免許を取得するのは大人の共同体への仲間入りを意味しており、車の所有は憧れでした。また、懸命に働いて身を立てたことの証でもありました。運転免許証も車も、高齢者にとっては単なるカードや移動手段ではありません。それを手放すことは何か大事なものを失ってしまうような、成人の共同体にいることの証明書をなくすようなものですから、当然、なかなか自主返納には踏み切れません。また、世間からの「いい車に乗っている」「いい家に住んでいる」といった非常に単純で分かりやすい外形を自分への評価の代替としてきた人は、いつまでも肩書きにこだわるように、運転免許証も返納しにくいのでしょう。

「男は会社、女は家」が生んだ男性高齢者の悲劇

内閣府が平成二七年度に行った「第八回高齢者の生活と意識に関する国際比較調査」によると、家族と一緒に暮らしている高齢男性の中で、「家事を担っている」と回答した人の割合は、日本二・四%、アメリカ二四・〇%、ドイツ二三・五%、スウェーデンではなんと七三・四%でした。一方で高齢女性は、日本七五・五%、アメリカ四三・九%、ドイツ六九・八%、スウェーデン七五%と高いことが分かっています（次の頁の表）。日本の男性高齢者が家事を担っている割合は他国と比べて目立って低く、ほとんどが家事を妻をはじめとする同居家族に頼り切っていることが分かります。

	男性	女性
日本	2.4%	75.5%
アメリカ	24.0%	43.9%
ドイツ	23.5%	69.8%
スウェーデン	73.4%	75.0%

※「第八回高齢者の生活と意識に関する国際比較調査」平成二七年・内閣府

これには時代背景が大きく関係しています。一次産業に従事する人が多かった時代には、役割や程度に差はあるにせよ、職住接近で男女がともに働き、ともに子育てを担いました。だから子どもたちも、父親がどんな仕事をしているかをよく知っていましたし、父親は子どもたちとしょっちゅう遊んでいました。

それが、都市化が進むことにより、家と職場が切り離され、「男は会社」「女は家」という役割分担をするのが合理的だというように変わってきます。高度経済成長期にはすっかり、男は外で働き、女が専業主婦として家事と子育てを担うという分業が一般的になりました。「男子厨房に入らず」があるべき姿となり、会社で男が「家事をしている」などと言うと、「奥さんに何かあったのか？」と心配されたり、「ついに愛想をつかされて、出て行かれたか」などと冷やかされたりしました。都市化に伴う男性のサラリーマン化と専業主婦の誕生は、給料袋を持って帰る父親を、家族ですき焼きを用意して待っているという情景を生みました。

そのせいか、家事に関する認識が根本的に間違っている男性が多く見受けられます。妻に対する「誰のおかげで、飯が食えているのだ」といった物言いに代表されますが、金を稼いでくる自分は偉く、金を生まない家事や子育てには価値がない（したがって、自分のほうが妻より優れている）という考え方です。当然ですが、家事代行サービスなどに外注す**ればお金がかかるわけで、家事にも十分な価値があります。夫婦で財布を一緒にしているから、支払わなくていいだけのこと**です。また、仕事をするにはそれなりの基盤や支えが不可欠ですし、家庭の支え方次第（妻の働きや存在次第）で仕事の成果が左右されることもあるでしょう。「誰のおかげで、飯が食えていると思っているのだ」に対して、妻が「誰のおかげで仕事に専念できているのだ」「誰のおかげで貯金ができていると思っているのだ」と言い返せば面白くもなるのでしょうが、そうもいかない上下関係が家庭にできてしまいました。

以前、「老いの工学研究所」の会員向け情報誌『よっこらしょ』の取材で、歌手の加藤登紀子さんに高齢期の生き方についてインタビューをしたことがあります。その際に次のように話されました。

「〝生活力〟には二つあるんです。ひとつはお金を稼ぐ力。もうひとつは、自分の身の回りのことがちゃんとできること。これはどっちも大事なんだけど、**みんな〝生活力〟って言えば稼ぐことだと思い込んでしまってるのよね、この国は。日本の男はダメね。〝二つ目の生活力〟がないから。**特に、高齢者に必要なのは〝二つ目の生活力〟なのよ。だから、仕事をやめて稼がなくなったら、生活力がなくなっちゃってるでしょ。男性は依存し過ぎだし、依存しているという自覚さえない男性が多いわよねー。」

妻に先立たれて、一気に衰えが進んでしまう男性が多いのは、加藤さんの言われる「二つ目の生活力」の無さも大きな原因でしょう。長年、男女分業を続けてきて、家事を下に見る価値観が染みついてしまった結果だと思いますが、相変わらず家ではゴロ寝を決め込み、家事をやろうともしない。インタビューをすると、「主人は何も自分でできないから」「何もしてくれないから」と嘆いたり、怒ったりしている高齢女性は本当に多くいますが、なかなか男性は変われません。加藤さんの指摘通り、男性は「仕事をやめて稼がなくなったら、生活力がなくなっちゃってる」わけです。そして昔から言われるように、「男やもめにウジが湧き」、夫が亡くなったあとは「女やもめに花が咲く」となるのでしょう。

「男は会社、女は家庭」は、男性が高齢期に暮らす場所とずっと離れていた（実質的に地域に暮らしていなかった）という意味でもあります。女性はこれまでと同じ場所で暮らせるわけですが、男性はあまりよく知らない人たちと初めてのことをしなければならなくなります。この点も**「男は会社、女は家庭」という分業が生んだ男性の大きなハンデ**となっています。男性は定年したあと、能力や時間を持て余し、地域との付き合いも難しく、家に閉じこもりがちになる人が多くいます。女性には既に近隣という共同体があっても、男性にはない。少し田舎にいけば、消防団や自治会などの地域活動や年中行事などで男性の役割があったりしますが都市部ではなかなかそういった場はありません。**「男は会社、女は家庭」の固定化は、男性から「二つ目の生活力」を奪ったこと、「地域の共同体を持てなかったこと」の二つの点で、男性高齢者の高齢期の暮らしを厳しくしてしまった**と言えるでしょう。

男性と女性の「思考力」「決断力」

多くの高齢男性がサラリーマンとして勤めていた会社という組織では、その規模が大きくなればなるほど、自分で思考する場面や自分で決断する機会が少なくなっていきます。検討事項は機能分化したそれぞれの専門部署が考え、それを会議などで調整し、最後は「皆」で何となく決めたようにして物事が進んでいきます。決断は上司がしてくれると思っている人は、役員クラスにもたくさんいます。稟議書を見ると一応は決裁者がいますが、実際にはたくさんの印鑑が押してあって、関係者が皆で合議して決めているので、誰も当事者意識や責任感をそんなに持っていない。日本の会社というのは、自分で考えたり、自分で決断したりしなくてもよいような仕組みになっています。入社してから定年まで思考も決断も、ほとんどしなかったという人がいても、不思議ではないほどです。

会社の共同体を乱さないように、除け者にならないようにするためには、自身の確固たる意志やこだわりなどはないほうがいいという面もあります。そんなことより、今はどういった意見が多数派か、どのような結論に落ち着きそうか、この場で影響力のある人はどのように考えているか、といったことを察する能力のほうが重要です。自分の感情を騙し、抑えてでも、その場の空気にふさわしい言動を選ぶ処世術、演技力が求められます。多くの高齢男性が、好むと好まざるとにかかわらず、このような生き方をずっと続けてきました。

しかし、**定年して地域や家庭での生活が始まると、急に自分自身で考え、決断しなければならないことが増えてきます。会社のように、決めてくれる人や相談する相手はいません。何もしなければ放っておかれるだけ**で、会社のように自然に仕事が降ってくる（与えてもらえる）わけではない。会社では目標や役割があったのに、定年後は自分で考えて、自分で作ったり決めたりしなければ何もありません。会社とのあまりの違いに、とたんに困ってしまいます。男性は家事や家のことを妻に依存してきただけでなく、会社でも組織や上司、部下に依存してきたわけで、個人で物事を判断し、決め、実行してきた経験に乏しいのです。会社という共同体の中で、磨かれることがなかった思考と決断する力。これが、男性高齢者には高齢期の暮らしにおいて大きなハンデになります。

一方、女性は常に自分の頭で考え、判断し、決めることを続けてきました。日々の食事の献立を決め、家計を預かってその中でやり繰りし、子どもの相談にのったり進路を一緒に考えたりする。面倒で難しい近所付き合いや親戚付き合いも、長年にわたって一手に引き受けてきています。仕事に打ち込む主人に相談せずに（聞く耳を持ってもらえないので）、一人で考えて決断してきた実績があります。このような「能力差」が、男女の高齢期の暮らしぶりの差となっている面は否めません。

ここまで、時代の変遷を踏まえて「共同体」という視点から、高齢者の置かれている現状を見てきました。昔にあったムラ社会の脱出、会社共同体への吸収、そして高齢期を前に属すべき共同体を失うまでの成り行き。共同体という視点から見たときの、男女の大きな差。特に、男性高齢者が持ち得ていない地域とのつながりや、自らの思考と決断で生活を組み立てる力。様々な問題が見えてきたはずです。では実際に、高齢者自身はこれまでの人生に対して、どのように感じているのでしょうか。「老いの工学研究所」で実施した『人生の後悔は？』というアンケートの回答を参考に、考えてみたいと思います（なお、誤字・脱字や句読点などは修正し、文字数の関係でその意味を変えないように文章を短くしています。また、内容が似ているものは代表して一つを紹介しています）。

2　高齢者が後悔していることとは？

男性編

▼勉強

✔若い頃の自分は、将来について想像できず努力をしなかった。勉強をもっとすればよかった。（八〇歳）

✔勉強不足（特に中学、高校）。専門知識の習得不足（得意が無いこと）。（八二歳）

✔もっともっと多くの本を読むべきだった。もっともっと勉強すべきだった。（七一歳）

✔若い内にもっともっと勉強し、さらにもっと多くの経験（仕事、趣味、仲間との交際等）をしておけばよかった、とつくづく思う。（六八歳）

✔もっと勉学に励んでおくべきだった。（七〇歳）

✔一番に「学び」。したいときにすればいいとは思うが、若い頃は、時間もあり、経済的にも心配なく（親が出してくれていた）、もっと脳も柔らかく、結果（資格など）を役に立てる場もあった。そうなのに、学びに没頭できなかったことが悔しい。（六九歳）

✔もう少し宗教を勉強、体得しておくべきであった。自分の浅さを感じる。（七四歳）

✔学びが足りないと思ったときは、もう遅かった。その結果だが、なんと幼稚な人生であったことかと、反省一杯。（八一歳）

✔もっと勉学に励んでおくべきだった（七〇歳）

▼人生の選択

✔四年制の公立大学に行きたかった。幸い高校枠で大企業（金融）に入り、夜間大学（公立）も行けたが、大企業での学歴の壁は厚かった。（七三歳）

✔会社を選ぶのを間違えた。そのため、妻にも家族にも苦労させてしまった。（七八歳）

✔結婚。一生一度の事だから、焦らずに良く考えて周りに左右されず判断すべきだったと思う。（六九歳）

✔働きすぎたこと。皆がやるなら自分も頑張る、それだけを考えてやってきたことが原因で老後になって病気がついてまわります。人それぞれ限度がある。（八〇歳）

✔父が早くに亡くなったので（終戦の翌年）、母が子ども達の面倒を見るなど大変だった。今思うともっと親孝行したらと後悔しています。（九〇歳）

✔現役時代、子供たちに十分なことをしてやれなかった。（七六歳）

✔よく頑張って働いてきた為、健康問題が第二義的であった。各種の健康診断は受けておけば良かったが、人に勧めるが己は受けず、その為大腸がんで早く治るものがそうではなくなってしまった。大酒やタバコの害等もそうであった。（七五歳）

✔仕事を兼ねてほとんどの国に居住したが、実家の事情などがあってアフリカへは行けなかった。行っていれば世界観、人生観が変わったと思う。（六六歳）

✔仕事を第一にしすぎた。（七三歳）

✔身内への家族愛が足りなかったこと。（六七歳）

✔高校進学のとき、誰もが行きたいトップクラスの学校に行けたのに、電車に乗って遠くまで行かなければならないので、家の近くの二番手の学校へ行った。自分の心の中で「鶏口たるも、牛後なるなかれ」と言い聞かせながら、「鶏中」で終わってしまった。（七九歳）

▼生き方

✔子どものころにもっと競争に強い精神力を養っておけばよかった。苦労のない家庭で育ったことを反省している。（七五歳）

✔もう少し早く目標を決め、実行に移すべきだった。（八一歳）

✔人と対立するのが嫌で、自分の気持ちとは別に誰にでも優しくしてきてしまったこと。（七七歳）

✔常時控えめな発言で処世したことを振り返り、時には強い主張をすべきであったと思う。（八四歳）

✔親の言うことに従いすぎた。特に進学時そうでした。（七七歳）

✔退職後、長い時間を空費してしまったという感じが強い。（八七歳）

✔子供を多く作らなかったこと。また、青年時代は失敗を恐れず、積極的に生きなかったこと。（八四歳）

✔周りの方々の考えをよく聞き、参考にすべきであった。（八二歳）

✔常に次へ行く準備が出来ていなかった！（八四歳）

✔人生設計をもっとしっかりした計画を立てておけばよかった。（七〇歳）

✔人生の歩き方が甘かった。もっと自分を大事にする歩き方を考えたいです。（六八歳）

✔会社に奉仕し、社会に奉仕し、実は与えられていた自由を見逃してしまい、夢を追ったままに老いたり。（八三歳）

▼～～できなかった

✔公認会計士か司法書士の資格を取れなかったこと。（七七歳）

✔好きだった人といっしょになれなかったこと。（六七歳）

✔若い時に外国での生活が経験できなかったこと。（七七歳）

✔若い時期に、多種多様な女性達と会話や交流を積極的に体験していれば、女性に対しての理解度が今よりもっと高かったと感じる。（七六歳）

✔子供が出来なかったこと。（七六歳）

✔孫がいないこと。（八三歳）

✔若い頃、もっと状勢が良かったら、自分の好きな事が出来たのに、色々我慢してきた。（八二歳）

✔経済的に許されるなら、第二希望の大学ではなく、浪人しても希望の大学で学びたかった。しかし、運命というか、第二希望に進んだおかげで、今の生活があるような気もします。（七〇歳）

女性編

▼結婚、子育て

✔主人の両親と同居して、親と折り合っていくことばかりに日々を暮らしてきて、子供を生み損なったこと。（六七歳）

✔結婚。（七七歳）

✔三人の子育ての中で、男の子の育て方には後悔があります。（七九歳）

✔子供達に躾や気配りをしっかり教えられなかったこと。進学中心の勉強ばかりを勧めてしまって、それが自分に返ってきている。（七八歳）

✔早く結婚したことと、両親のいない人と結婚したこと。もっと長く会社で働き、お金貯めておけばよかった。（八〇歳）

✔後悔というほどではありませんが、もし結婚相手が主人でなければ、どんな違った人生になっていたのかなあと思う時はあります。（六六歳）

✔夫にあまりにも従順すぎた。しっかり自分の意見を言うべきだった。（七五歳）

✔離婚できず、しんどい年が続いた。同じ時間は二度とないので、後悔しても始まらないが、変わってくる何かがあっただろうと。（六七歳）

✔家族を作れなかったことについては、後悔しています。（七〇歳）

✔すぐに結婚してしまったので、遊んだ経験がなく視野の狭い人間になったように思う。今の若い人たちには、もっといろんな経験をしてほしい。（六六歳）

✔子供のしつけがうまく出来ず、わがままな子供が育ってしまったこと。自分が未熟だったとつくづく思う。（七二歳）

▼生き方

✔周りに勧められたことを、やらなかったこと。もっともっと人の言葉を大切にすることが必要だったと。（六七歳）

✔自由にのびのびと自分らしくできなかったこと。自分で自分を認められず、他者との比較をしながら生きていたこと。（七五歳）

✔苦しいことから逃げたがった事。（受験勉強から逃げました）（六九歳）

✔いい加減なところで妥協をしてきたことを後悔しています。人生の節目で。（七一歳）

✔恥ずかしいと自分で思わず、もっと感謝や喜びを表現して、大きな声で笑い全身でありがとうと言える素直な心を出していればよかったと思います。（六八歳）

✔私の時代は、女は幸せな結婚第一という親の価値観で、専業主婦を選んだこと。もっと早く、一生を通しての「仕事」を持ちたかった。その努力をしなかったこと。（七七歳）

✔やりたいことを貫けなかったこと。今の時代、やりたいことをやろうね。（七一歳）

✔もっと積極的にすればよかった。ここぞという決断がなかった。いつもなあなあでこの年になって、あれこれしなきゃとジタバタしてます。（七一歳）

✔自分勝手でした、他人への配慮が欠けていた。しっかり子育てができるような、優しいママではなかったことです。（七一歳）

✔女でも専門的な職業を持っていればよかったと思う。（六七歳）

✔専業主婦ではなく、職業を持つ努力をすればよかった。洋裁の技術を身につければよかった。（六七歳）

✔好きな人に「好きです」と言わなかった事、言えなかったこと。（八六歳）

✔余り恋をしていないです。（六七歳）

✔もっとやりたい事をしておけばよかった。時間は早く過ぎると思った。（六八歳）

▼勉強

✔正しい判断力を身に着けて、選択を誤らないようにするためには常に学び、自分を深めなければならなかったと思う。（八三歳）

✔外国語が話せなかったこと。話せるようになれる経験を得られなかったこと。（六八歳）

✔精一杯、その時その時を生きたのであまり後悔はないが、一つだけ、学生の頃もっと目的意識を持って勉強しておけばなおよかったかな？　と思う。（六六歳）

✔もっと勉強をしておけば良かったと思います。今語学を勉強しているんですが、飲み込みが悪いので、若い頃にもっとしておけば良かったと思います。スポーツも同じく。（六八歳）

✔もっと本を読んでおくべきだった（視力の衰え、根気の無さ）。それと、もっと旅をしておくべきだった（体力の衰えを実感して）。（六九歳）

▼今、思うこと

✔夫を亡くしてから、以前の何気ない暮らしが、どれほど幸せなものだったかと今、強く思っています。（七五歳）

✔両親と旅行したかった。（七一歳）

✔主人が亡くなり、健康面で悪いことばかり起こり、もっとそれ迄元気な時に旅行などで遊んでおくべきだったと後悔した。だから、運動と旅行をしっかりやるようにしましたけど。（七一歳）

✔老人ホームに入居してしまったことを後悔している。子供には入居すると早死にするよと言われているから、どうしようかなあと。（八〇歳）

✔夫が定年になって以後、もっと自立できるように手助けすべきであった。現在家の中の事、全て妻に頼りっぱなしで嘆かわしい。今さら教育も無理ですしね。（七四歳）

✔孤独な家庭で愛情に飢えて育ったためか、人に自分を認めてほしい、好かれたいという思いが強く、親友ができなかった。七〇を越えて、一人になってやっと正直に生きるように

なり、友も出来た。遅いけど良かった。（七六歳）

✔子供に迷惑をかけないようにという生き方は、疑問に思えてきた。（六九歳）

高齢者は、人生をどう振り返っているか？

様々な声を読んで、私なりに四点、現代の高齢者が感じていることについて挙げてみたいと思います（なお、「暗い振り返りが多いなあ」と思われたかもしれませんが、「人生の後悔は？」という問いですからそうなるのは当然で、高齢者の特性ではありませんので誤解なきよう）。

①女性が感じる結婚や子育てへの後悔

女性が結婚を悔いている声が、とてもたくさんありました。この時代には、二〇歳代の若い時期に結婚しなければ恥ずかしい（世間体が悪い）ような空気があり、親や親戚が勧める縁談を断れないような仕組みもありました。結婚は本人同士ではなく家同士の話であって、今のように、本人たちの意思を汲み取ってもらえるようなものではなかったという事情も読み取れます。もちろん、離婚は有り得ない（世間から後ろ指を指されるような）選択肢で、ずっと我慢し続けていたのでしょう。結婚を後悔している人は、もちろん今も少なくないのでしょうが、その背景や理由は大きく異なるように感じます。

子育てへの後悔も多くありました。子どもの進学や就職は、夫から任せられた重大な使命だと認識していて、それが全うできなかったという想いの人が多いのでしょう。行きたくても経済的な理由などで進学できなかった時代。夫を含めて自分たちは無理だったが、なんとか子どもたちは〝いい大学〟へ〝いい会社〟へという一心で頑張ったのに成し遂げられなかった。そんな、多様性が認められない時代を生きてきた方々ならではの振り返りに見えます。

②意思を抑えて、生きてきた

男性には、上司の指示や職場の空気に流されて生きてきてしまったという声が多くありました。仕事に忙殺され、会社の論理に巻き込まれ、振り返ってみればずっと自分の意思を抑えたまま過ごしてきてしまった。過ぎたことを今さら……とも思うのですが、あの時に自分の意思にしたがって行動していれば、もっと良い結果が得られたかもしれず、それによって今も変わっているのではないかという想いなのかもしれません。

女性では、夫の言うことに従い過ぎたという声、働いていた人には「女がモノを言うな」という空気に押されて何も言わないようにしていたといった声がありました。いずれにしても、女性が言いたいことを言うのはみっともないという時代に生きてきたことを、今のような比較的それがマシな時代になって、改めて感じておられるように思います。

③「時代に翻弄された」実感を持っている

戦後の貧しい時代だったから、やりたいことができなかった（いろいろな事情でやらせてもらえなかった）という声も多くありました。かと言って、今の若い人たちを、うらやんでいるわけでもなく、自分たちはそれに比べて恵まれなかったと残念がっているわけでもありません。読んでいると、むしろ、だからこそ**（恵まれている時代に生きている）若い人たちには頑張ってほしいという気持ち**が伝わってきます。昔は、女というだけでダメだった、貧しくて進学できなかったし支援制度もなかった、留学はもちろん海外旅行も高根の花だった、学歴だけで与えられる仕事のレベルが決まっていた、都会で挑戦したくても地元に残らざるを得なかった。徐々に、そうではなくなっているんだから、チャンスを活かしてほしいというエールのような声です。

④勉強不足を痛感している

これは、男女ともにとても多くありました。受験を含めた学生の頃の勉強もあれば、社会に出てからの学び、キャリアや宗教までその内容は多様です。文化センターなどの講座の出席者が、かなりの割合で高齢者なのは、時間に余裕があるからだけではなく、高齢になると学ぶ意欲が高まるからだと言われていますが、その背景には、**「もっと勉強しておけばよかった」というう後悔**が含まれているのかもしれません。また、学べば学ぶほど知らないことの多さが分かるので、さらにその意欲が高まるとともに、もっと早く、若いうちに勉強しておけばという気持ちにもなるのでしょう。ある高齢者に「余命半年と言われたら、何をしたいですか?」と訊いたとき、即座に「勉強」と返されたときのことを思い出します。

「時代が変わっても、歳を重ねれば同じように変化すること」と、「同じように歳をとっても、生きてきた時代によって変化の仕方が異なること」があります。現代の高齢者も、歳をとってその昔のお年寄りと同じように変化してきたことと、生きてきた時代が異なるがゆえに昔の人とは違う変化をしていること、との両方があります。「人生の後悔は?」の回答には、その両者が混ざっており、何度読んでも非常に興味深いものがあります。

また、質問にたくさんの記述をいただけたのは、同じ後悔をしないようにしなさいという若い世代への思いやりのようにも感じました。高齢者は「今の世の中は……」「今どきの若い者は……」と不満をこぼしながら、よくそのあとで「でも、そうなってしまったのは私たちのせいなのよね」とおっしゃいます。はっきりとそうは言わなくても、向き合っているとそう思っておられることが伝わってきます。ここに挙げた「人生の後悔」は、自らの振り返りであると同時に、若い世代への申し訳なさも含まれているようにも読めるのです。

第三章　高齢期の幸福について――健康、お金、親子関係……

ロンドン・ビジネス・スクールのリンダ・グラットン教授が「人生一〇〇年時代」の生き方について提言した『ＬＩＦＥ　ＳＨＩＦＴ　１００年時代の人生戦略』は、日本でも大いに読まれました。多くの人が長寿を自分ごととして捉えるようになっているとともに、長い高齢期をどう生きればいいのか、その迷いの大きさが表れたものでしょう。漠然とした不安、悩ましさが高齢世代だけではなく、いずれ高齢期を迎える若い世代にも広がっているに違いありません。

不安を解消するには、高齢期について正しく理解することが重要に決まっています。ところが多くの人は、メディアがよく取り上げる病気や介護や貧困などに苦しむ高齢者の様子を見て、（それは往々にして極端なケース、少数の事例なのですが）それが高齢期の普通の現実のように思い込んでしまっています。身近に元気で幸せそうなお年寄りを見かけているのにもかかわらず、メディアで流れているほうが本当の姿だと考えてしまっている。では、本当の実態はどうなのか。この章では、データや様々な理論に基づいて高齢期の実態を見ていくことにしましょう。

1　高齢期の幸せ

幸福感はU字カーブを描くという事実

「加齢のパラドクス」という言葉があります。高齢期には身体の機能や容貌などが衰えていき、また、様々な喪失（職業、収入、配偶者、友人、子の独立など）を経験するため、普通に（特に若い人の視点で）考えれば、徐々に幸福感が低下していくはずなのに、実際には**高齢者の幸福感はだんだんと上昇していく**という、一見、矛盾した現象のことをいいます。これは、日本を含めて世界の国々で共通にみられる現象です。

最近の研究（二〇一九年）でも、アメリカ・ダートマス大学の経済学者・デービッド・ブランチフラワー教授が世界一三二カ国のデータを分析し、人生の幸福度が最低になる年齢の平均は先進国で四七・二歳、発展途上国では四八・二歳であると発表しています。幸福感を縦軸に、年齢を横軸にしてグラフにすると、全ての国で一八歳くらいから幸福感が低下していき、四〇歳代後半で底打ち、その後は上がっていくU字カーブになります。

1. 離脱	世俗から離れ、「できない」という否定的感情を持つ機会が減少する。
2. 活動	それぞれの環境に見合った「新しい役割や居場所」を見出し、自律的に社会活動を再開する。
3. 継続	これまでに培った自身の強み、過去の経験や関係を活かした活動を行い、社会もそれを受け入れる。
4. 最適化	衰えを受け入れて、柔軟に目標を変える。うまくいかなくても、上手にそれを解釈する。
5. 発達	高齢期ならではの能力的発達を遂げ、それを実感する。引退や衰え、死も逃れられないものとして受け入れ、精神的な高次の段階に至る。
6. 老年的超越	身体的・社会的な限界を受容する。死に対して恐怖心でなく、新しい認識を持つ。利己主義から利他主義へ移行し、人間関係の深い意味を見出す。など、超越的次元に移行する。

　では、なぜ高齢期に幸福感が上昇していくのでしょうか。この問いに、多くの研究者が説明を試みています。それらの説を表にまとめました。

「一．離脱」は、高齢になると、現役時代のように気の進まない仕事をしたり、嫌な人と付き合ったりしなくてよくなるからだという説です。否定的な感情を持つ機会が減少するから幸福度が上がるというシンプルな考え方です。雇用延長などで働き続けている方で言えば、専門職となって得意なことに専念できるようになれば、役職者として嫌なことや面倒なこと、苦手なことにでも取り組まねばならなかった頃と比べて、働いていて幸せを感じやすくなるでしょう。

ずっと押さえつけられていたご主人が亡くなったら、奥様が活き活きとし始めたという話、自宅での介護から解放された方の「ほっとした」とおっしゃるのも、一種の「離脱」による幸福感と言えます。

「二．活動」は、新たな環境で、自分が望む新しい役割を見出せるからという説です。「一．離脱」に似ているように感じますが、「離脱」は嫌なことから解放される幸福感であるのに対して、「活動」はやりたいことを始めたから幸福感が増すということです。現役時代にやりたかった活動をようやく始められる幸福感。新しい趣味に取り組む、ボランティア活動でこれまでとは異なる新しい役割を見出す、家事や料理にハマって「主夫」になる、といった人たちが得る幸福感です。この点は、仕事人間だった人が多い日本男性が苦手とするところのように思われます。

「三．継続」は、それまでの仕事なり経験を社会のために継続して提供し、それを社会も受け入れるから幸福感が上がっていくという説です。変わらぬ役割が、いつまでも社会の役に立っている喜びといったところでしょうか。「生涯現役」で頑張り、周囲も社会もその「いぶし銀」の腕や「年の功」を重宝する。そんな関係が前提となっています。年中行事や冠婚葬祭、村の決めごとなどでは、お年寄りの意見や手助けがないと進まない。農業や職人の世界では、長年にわたって携わっている人には若者が及ばない知恵がある。家事や子育てではおばあちゃんのすること、言うことはナルホドと思える。こういう時代には「継続」による幸福感があったのだろうと思います。しかし現代では、専門業者や専門家に頼めばこと足りてしまって、高齢者が活躍する場が減ってしまいました。また、日本では世界的には珍しい（国によっては法律で禁じられている）定年退職制度が堂々と存在しているので、働き続けたくても年齢を理由に辞めさせられてしまいますから、この「継続」によって幸福感を得るのは難しい現状だと言えるでしょう。

「四．最適化」は、目標を達成できなくても不本意な結果に終わっても、歳をとるとその現実を上手に解釈できるようになるからだという説です。若い頃は失敗に対して、ひどく落ち込んだり、自分を責めたりしがち。でも高齢者は様々な経験を踏まえ、また物事を上手に受け入れて咀嚼し、必要以上に思い悩まず、こだわり過ぎず、柔軟に思考して、精神的な安定を図れるようになっていきます。高齢者を対象した講座でこの「最適化」についてお話ししますと、ほとんどの人が大きくうなずいておられますから、かなり実感のあるところなのだと思います。

「五．発達」は、あらゆる喪失や死を受け入れることができるようになるから、幸福感が高まるという考え方です。人は幼年期から段階を踏んで発達していきますが、高齢期にも同じように発達段階があり、若い頃に受け入れられなかったこと、若い頃には恐れの対象であったものを、恐れず受け入れられるようになるという段階に至るというわけです。第一章でアンケートに書かれた高齢者の声を紹介しましたが、そこには老いや死に向き合う心境を淡々と綴ってあり、このような段階に至っている様子が見て取れます。

「六．老年的超越」は、仙人のように世俗を超越した心とでも言うのでしょうか。老年学では、老年的超越は「現実に存在する物質世界から、現実には存在しない精神世界へ、認識が変化していくこと」といった定義がされますが、まるで、宇宙の高みから世俗をみるような次元、時間という観念にもとらわれない、意識が過去や未来へ自由に行き来できるといったレベルの人格になっていく。それによって、幸福度が高まるという理論です。

　どの説に説得力を感じるかは、人によって違うでしょうが、いずれにしても高齢期に幸福感が高まっていくことは明らかになっています。講演の際に、「歳をとって、幸福感が高まっていると感じる方は？」と訊くと、八割くらいの方が手を挙げられます。高齢期をネガティブに捉える必要はまったくありません。高齢期とは喪失を受け入れ、乗り越えて幸福感を高めるプロセスなのです。もし、高齢者なのに幸福感が高まってきている実感がないのであれば、この六つの視点から自身の状況を見つめ直してみるのもいいかもしれません。

幸福な高齢者と、そうでない人の違いとは？

「老いの工学研究所」では、二〇一三年に高齢者の幸福感について調査を行いました。その調査では、現在の幸福感だけでなく、四〇歳代からの人生を振り返って、各年代の幸福感についても点数をつけてもらいました。結果は**次の頁の表**の通りです。「幸福感が高い」の欄は、現在の幸福感を八〇点以上とした人の平均点です。幸福感の高い人の平均点は現在が九一・九点ですが、四〇歳代のときは七五・九点で、そこから徐々に上昇していっています。「加齢のパラドクス」でお話しした通りのことが見て取れます。

一方の「幸福感が低い」は、現在の幸福感を八〇点未満とした人たちの平均です。幸福感が低い人たちの平均は現在が五八・五点。四〇歳代のときが六六・〇点でした。歳を重ねても幸福感が上がっていかず、現在の幸福感は四〇歳代の頃よりもやや低くなっています。また、四〇歳代時点で「今、幸福感が高い人」と「今、幸福感が低い人」の幸福感の差は九・九点です

	幸福感――高い	幸福感――低い	差
40歳代	75.9点	66.0点	9.9点
50歳代	81.5点	63.9点	17.6点
60歳代	87.3点	65.4点	21.9点
70歳代	89.3点	65.5点	23.8点
現在	91.9点	58.5点	33.4点

が、年代が上がるとともにその差が開いていっていることが分かります。

なぜでしょうか。

幸福感は主観的なものですから、今、幸福に感じている人が今と比較して「昔は苦労した、大変だった」と考えがちで低い点になっているのかもしれませんし、今、幸福感の低い人が「昔のほうが良かった」と考えて高い点になっているのかもしれません。いやもっとシンプルに、「健康面や経済的側面の差は、歳をとればとるほど差が広がっていくものだ」とも考えられます。そうかもしれませんが、高齢期の幸福感の差は**「その人の高齢期における活動状況や、物事の捉え方や考え方に大きく左右されるのではないか」とも考えられます。**先述の加齢のパラドクスを説明しようとしている六つの説にあるように、幸福感は、離脱・活動・継続に通じる生活をしているかどうか、最適化・発達・老年的超越といった精神的成熟を遂げているか

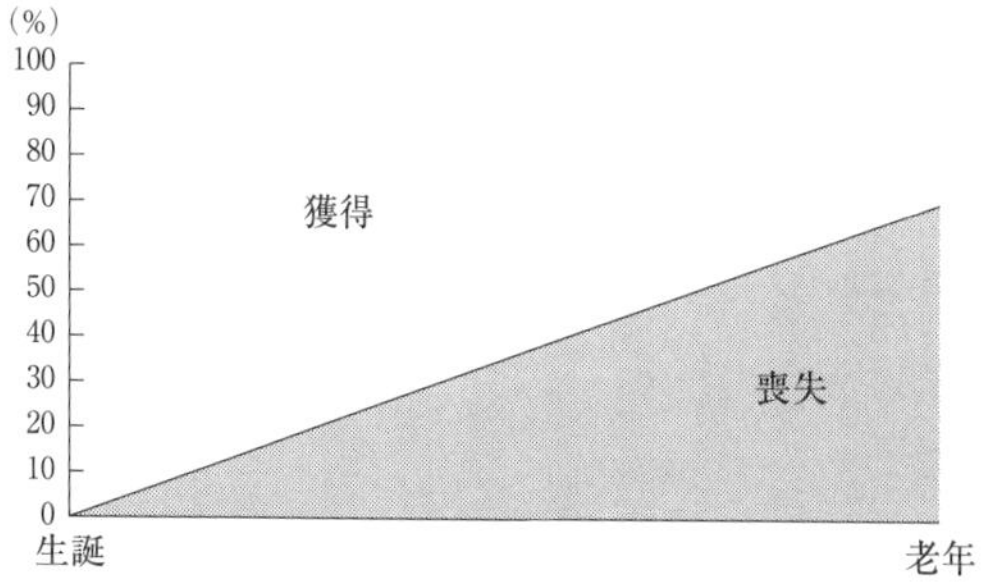

どうかに大いに関係しているのではないかということです。

精神的成熟の点で言えば、幸福な人は、年とともに物事を前向きに柔軟に捉えたり、小さなことに感謝や感動、満足を覚えたりすることができるようになる。一方で、**幸福感の低い人は、若い頃のように、身体の衰えや生活環境の変化に不安や不満を覚え、嘆くばかりになってしまっているのではないでしょうか。**

生涯発達心理学で知られるポール・バルテスは、「獲得・喪失モデル」（図）を提唱しています。若いからといって獲得だけをしているわけではなく、様々な喪失を経験します。同じように、**高齢期だからといって喪失ばかりしているわけではない。**身体の衰え、仕事がなくなる、収入が減る、配偶者の死など様々な喪失は経験するけれど、語彙が増えて洞察力が増すので表現が豊かになる、ものごとを多様な視点から見て評価できるようになる、自然やその変化に感動できる、物事の真贋が判別できるようになる、小さなことに満足できたり感謝できたりする。特に、このような精神的、能力的側面で獲得できることは大きいはずです。この図を見れば、幸福感の高い人は「獲得」に焦点を当て、幸福感の低い人は「喪失」に目を奪われてしまっているのではないかとも思えます。

幸福を左右する要素は、男女で違う

幸福感についての調査で、最も興味深かったのは男女の違いでした。次の頁の表は、幸福感を八〇点以上とした人たちの家族構成ですが、幸福感の高い男性高齢者の七八％は配偶者と同居しているのに対して、女性は四六％に過ぎません。幸福感の高い高齢女性の三九％は配偶者と死別しています。同居家族をみても、一人暮らしでも幸福感が高い男性はわずか四％に過ぎませんが、女性では三二％に上りました。

一目瞭然ですが、**高齢男性の幸福感は、配偶者と一緒に暮らしているかどうかに大きく左右されます。**妻が死ぬとあとを追うように亡くなってしまう男性が多いというのが、さもありなんと感じさせるデータです。少し付け足せば、私たちが行った別の調査で、「今の配偶者と結婚してよかったと思うか」という質問に、「そう思う」「ややそう思う」を合わせて、男性では八四％に上りましたが、女性では六一％に留まっており、そもそも結婚や配偶者に対する満足度においても高齢の男女では差があるという面もあります。

	男性	女性
配偶者と同居	78%	46%
結婚して別居	4%	0%
離婚	4%	9%
死別	12%	39%
未婚（結婚経験なし）	0%	4%
同居家族0人（一人暮らし）	4%	32%
同居家族1人	57%	46%
同居家族2人	18%	9%
同居家族3人以上	18%	9%

この調査に回答した女性に直接、話を聞いてみたことがあります。ガンで配偶者を亡くされていたのですが、幸福感のスコアがとても高かった方です。「女性は、ご主人を亡くしても平気なのでしょうか？」と訊くと、その方は「主人が亡くなったときはゼロ点になったわよ。そりゃ悲しくて何日も泣いたもの。でもそこからグーっと（と、左手を右側にクロスさせながら）上がっていって、今は一〇〇点！」と活き活きとした表情で答えられました。

知り合いに、一〇四歳までオセロを日課にしていたというほど元気な祖母がいた人がいます。一〇六歳で亡くなったそうですが、ご主人の存命中とその後ではかなり違ったと言います。元気なおばあちゃんとして近所でも、最後に入っていた施設でも有名になったのは、ご主人を亡くされたあとからだったようです。あとでも触れますが、ハーヴィガーストという教育学者は、高齢期の課題として「配偶者の死に適応すること」を挙げています。女性はこの課題をクリアする力が男性よりもあるということなのでしょう。

　高齢男性の幸福感が配偶者の存在に大きく左右されてしまうのは、加藤登紀子さんの言う「二つ目の生活力」のなさが大いに関係しているのだろうと思います。高齢男性にとって配偶者は日々の生活を成り立たせる力そのもので、妻の死はそれを失うことに等しいのでしょう。妻を失って大きく落ち込む要因には、妻への悔恨の念のようなものもあるかもしれません。人生を自分のために捧げてくれた妻への恩返しができなかったことへの後悔です。定年退職後に、高齢者住宅を買って住み替えたり、妻と海外旅行に出かけたりする男性の中には、「妻への罪滅ぼし」「これまでの恩返し」を動機としている人がかなりいます。それでも、どれだけやっても妻に十分に罪滅ぼしや恩返しをできなかったという後悔がズシリとくる。妻を失って、初めてそんな気持ちになる人も少なくないはずです。

　この表で、もう一つ興味深いのは、配偶者を除く同居家族の数。幸福感の高い男性は、同居家族二人と三人以上を合わせて三六％ですが、女性では一八％と男性の半分です。つまり男性は親や子、孫なども同居しているほうが幸福感が高まるが、女性ではそうでもない。男性は家事などをしないから、賑やかなほうが楽しいと感じるが、女性は家族の人数が多いと家事などの負担が増えてしまって疲れるということでしょう。親の介護は妻が担うケースが多く、それが影響している可能性もあります。

このように見てきますと、高齢になると幸福感は上昇していきますが、あくまで平均的にはということであって、どのように暮らすか、精神的に成熟していけるかによっても違いますし、男女によっても幸福感が高まる要因は大きく異なることが分かります。

2　本当の「健康寿命」、本当の「懐事情」

健康寿命が七〇歳代前半という、まやかし

テレビや新聞などで、健康食品やサプリメントの広告がよく目につきます。そこでよく提示されているのが「健康寿命」。広告では、こんなストーリーで商品を勧めてきます。

『日本人の〝平均寿命〟は今、男性が八一歳、女性が八七歳。一方、〝健康寿命〟は男性が七二歳、女性が七五歳です。平均寿命と健康寿命に男性で約九年、女性で一二年の差がありますね。つまりこの期間、健康を損なったまま生きなければならないのです。これは大変なことですよね。だから、なんとかこの差を短くすることが重要。そこでお勧めするのが、今日、ご紹

介する〜〜〜というこの健康食品です』

私には、このような理屈が何年もの間、まかり通っているのが不思議です。ちょっと思い出していただきたいのですが、皆さんの周りに七〇歳代前半で要介護状態になり、自立生活ができなくなってしまった人はどれくらいおられるでしょうか。「ほとんどいない」「一人も知らない」という人が圧倒的でしょう。講演で何度も訊いていますが、手が挙がることはめったにありません。私の身の回りを見渡しても、七〇歳代前半の人はほとんど元気そうだし、働いている人もざらにいます。データを見れば、内閣府の「二〇二〇年版高齢社会白書」において、七五歳以上でも要介護認定を受けている人は約二三%に過ぎません。

なのに、発表されている健康寿命は男性が約七二歳、女性が約七五歳。不思議ではありませんか？　健康寿命が七〇歳代前半というのは、実感とも違うし、どう考えても計算が合いません。

なぜ、このようなことが起こるのでしょうか？

健康寿命は、「日常生活に制限のない期間の平均」で、年代別（年齢階級別）の「健康な人の割合」を基礎として算出されます。では、「健康な人の割合」はどのようにして把握するかというと、厚生労働省が行う「国民生活基礎調査」において、若い人も含めて年齢に関係なく無作為抽出された人を対象に、「あなたは現在、健康上の問題で日常生活に何か影響がありますか」と尋ね、「ない」と回答した人を健康とみなして計算したものです。ですから、重い障害を持って生まれてきた子の健康寿命はゼロ歳とカウントされます。調査時にたまたま、体調がよくなかった人、若い人でたまたまそのときケガや病気をしていた人で、「はい」と回答したら「不健康」に含まれてしまいます。だから、健康寿命がかなり短くなってしまうわけです。また、全世代に回答を求めている（若い世代の回答も含まれている）わけですから、高齢者が自分の健康な期間を知るために参照するにはそもそも相応しくないと言ってもいいでしょう。一般には、健康寿命を「要介護にならずに、自立生活が可能な期間」といった捉え方をしている人が多いと思いますが、このような捉え方とは無関係な数字なのです。

　さらに言えば、「平均寿命」をこのような広告に用いるのはまったく適切ではありません。平均寿命というのは、「ゼロ歳の子が平均的に何歳まで生きそうか」という数値であって、もう何十年も生きている人には何の関係もないからです。自分の年齢だと平均的にあと何年生きるかは、毎年発表される「簡易生命表」から知ることができます。たとえば、二〇二〇年時点で、六五歳の男性の平均余命は一九・八年ですから、平均的に八五歳まで寿命があるということです。女性では同じく二四・六年なので、九〇歳近くになります。

悪気はないのでしょうが、あのような広告は、高齢者には何の関係もない「平均寿命」を用いていること、また、調査方法によってかなり短く出てしまう「健康寿命」をまるで「高齢者が自立を失う年齢の平均」であるかのように使っているという二点で、ひどいミスリードと言わざるを得ません。

本当の健康寿命は、何歳か？

健康寿命には、さきほど紹介した方法以外に介護保険のデータを使ったものがあります。要介護2～5の認定を受けている人が「不健康」、そうでない人は「健康」とみなして計算します。恐らく、この方法のほうが一般的な認識による「健康寿命」により近いはずですが、これは「平均自立期間」（日常生活動作が自立している期間の平均）と呼ばれています。そして、**二〇一六年の「日常生活動作が自立している期間の平均」は男性が七九・四七年、女性が八三・八四年となっています。**この方法だと、広告で使われる健康寿命よりも、男性で七年、女性で八年くらい〝健康〟な期間が長くなります。

もっと長くなる調査もあります。

厚生労働科学研究費補助金による「健康寿命における将来予測と生活習慣病対策の費用対効果に関する研究班」（二〇一二年）は、その論文「健康寿命の算定方法の指針」中で、六五歳

65歳の「日常生活動作が自立している期間の平均」の年次推移
（2005～2010年）

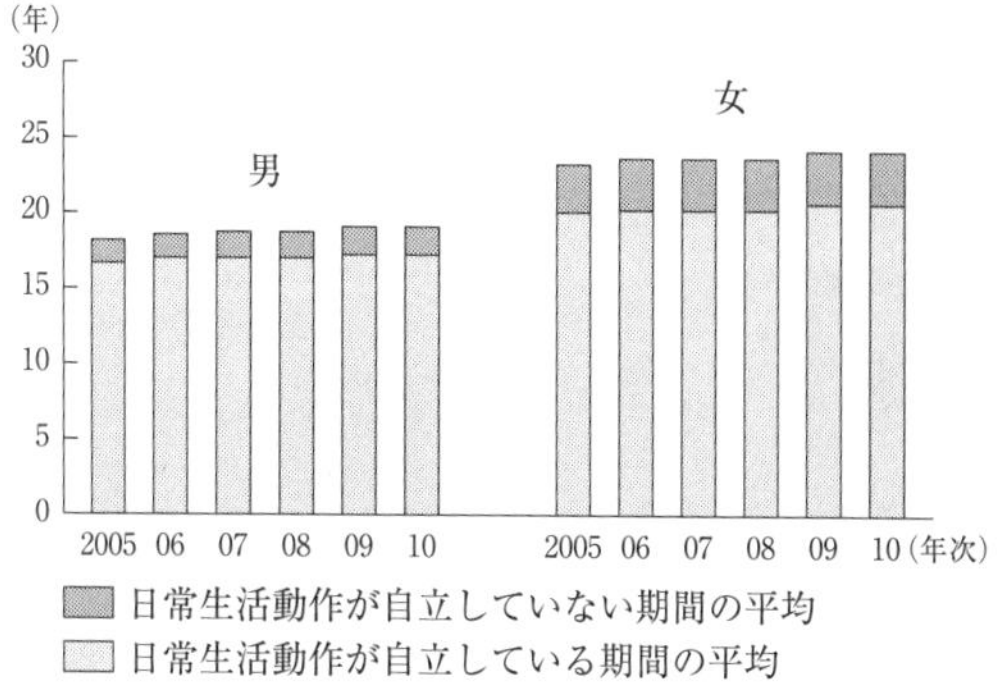

の人が死亡するまでの間で、自立して（要介護認定2以上を受けずに）生活している期間と、自立していない（要介護認定2以上になった）期間の年次推移を示しました（図）。

　二〇一〇年の男性をみると、当時の平均余命は一八・九年でしたが、自立生活期間は一七・二年でした。つまり、自立していない期間は一・七年に過ぎません。女性はというと、当時の平均余命が二四・〇年で、自立生活期間が約二〇・五年。自立していない期間は三・五年となっています。

　つまり、「自立生活が営める」という、一般的に認識されている意味における「健康寿命」は、この調査によれば二〇一〇年時点で男性八二・二歳、女性が八五・五歳だったのです。ここから一〇年が経過していますから、現在はもう少し長くなっているでしょう。こうなると、広告で謳われている「健康寿命は七十歳代前半」とは、一〇年も違います。そして、「健康寿命は男性が八二歳、女性が八五歳」と言われる方が、多くの人の実感に近いはずです。もちろんこれは平均値ですから、九〇歳、一〇〇歳でも健康を保つ人は多くいるわけで、だからこそ「人生一〇〇年時代」と言えるわけです。

〝六五歳くらいまで生きたら、健康で暮らせる期間が平均であと二十年くらいはある〟ことが分かっていただけたと思います。九〇歳まで元気というのは、ごくごく普通に起こる話なのです。「老いさき短いんだから、成り行きでいい」というのはとうに昔の話で、元気でいられる長い期間をどう生きるかを考えなければなりません。ただし、このときに生じてくるのが経済的不安です。長く生きたら、貯蓄が尽きてしまうのではないか、貧乏してまで長生きしたくない。そんな不安です。それでは次に、高齢者の経済的な側面について見ていくことにしましょう。

身体的な若返り。そして、知能は衰えない。

歳を重ねるにつれ、身体的には衰えていきます。しかし、近年の高齢者の身体的な若返りは目を見張るものがあります。健康状態・生活機能・死亡の予知因子とされている通常歩行速度を、一九九二年と二〇〇二年で比較した「日本人高齢者における身体機能の縦断的・横断的変化に関する研究」において、二〇〇二年の高齢者は一九九二年の高齢者よりも身体機能が一〇歳程度若返っていることが示されています。それ以降においても、スポーツ庁が毎年実施している「新体力テスト」をみると、六五〜七九歳までの高齢者の「握力」「上体起こし」「長座体前屈」「開眼片足立ち」「十m障害物歩行」「六分間歩行」の合計点は、男女ともに右肩上がりで上昇しています。これらを総合すれば、**現在の七五歳は三〇年ほど前の六〇歳くらいに相当する身体能力を有していてもおかしくありません。**

とはいえ、身体的な衰えが進むことが避けられないわけですが、同じように知能についても衰えていくかというと、そうではありません。

知能には大きく分けて、「流動性知能」と「結晶性知能」があります。流動性知能とは計算などの処理スピードや単純な記憶力などのことで、新しい環境に適応するための情報を獲得・処理していく知能。結晶性知能とは言語能力や理解力、洞察力など、経験や学習から獲得していく知能のことをいいます。流動性知能は二十歳代前半にピークを迎えたのち低下の一途を辿りますが、結晶性知能は二〇歳以降も上昇し、高齢になっても維持され、上昇していくこともあります。

歳をとると、単純な計算問題やまる覚えでは若い人たちにまったく歯が立ちません。それは東京大学の先生たちだって同じです。流動性知能が衰えていくからです。しかし、結晶性知能は発達し続けますから、物事の捉え方が深く広くなり、感性も豊かになり、語彙も増えていきます。だから、高齢の人たちの表現したものには見るべきものがたくさんあるのです。私は、新聞の俳句や短歌の投稿欄を楽しみに見ていますが、いつもその感性や表現力にはうならされます。俳句や短歌に限らず、**何か創作しておられる方なら、若い頃より表現力も鑑賞力もレベルが上がったと実感しておられる方は多いでしょう。ビジネスでも、年の功を存分に発揮しておられる年配者がたくさんいます。**それは人や物事や自然を見る目、この先の将来を想像したり描いたりする力など、結晶性知能が発達し続けている証左なのです。さらに言えば、**人生を豊かにするのは明らかに結晶性知能のほうです。**そしてそれは、コンピュータに取って替わられることがない、人間らしい能力と言えるでしょう。

「老後二千万円」は本当か？

二〇一九年、「老後二千万円問題」が話題になりました。総務省の「家計調査」（二〇一七年）によると、無職の「高齢夫婦のみ」の世帯では、毎月約五万五千円を取り崩して生活している。赤字は年間六六万円になります。仮にあと三〇年生きるとすれば、六十六万円×三〇年で約二千万円が必要になるという非常に単純な計算です。同じ調査では、高齢者世帯で貯蓄がある人の中央値は千六三九万円となっていますから、半数の人は約二五年（千六三九万円÷六六万円）で、老後資金が尽きてしまうことになります。

ただ、ことはそう単純ではありません。これとはまったく異なる結果を導いている興味深い論文があるからです。京都大学経済研究所の中澤正彦氏、財務総合政策研究所の菊田和晃氏、米田泰隆氏の研究「高齢者の貯蓄と資産の実態：『全国消費実態調査』の個票による分析」（二〇一五年）です。

この論文によれば、**無職の高齢夫婦世帯の取り崩し額は約一万円に過ぎません。**老後二千万円問題の根拠となっている毎月の取り崩し額（約五万五千円）とは、五倍以上の大きな差があります。なぜ、こんなに大きな差が生まれるのでしょうか。

この論文が指摘しているのは、総務省の「家計調査」において、かなりの割合で「年金収入の記入漏れ、記入忘れ」があるという点です。実際には、九五％を超える高齢者が年金を受給しているのに、「家計調査」で年金の受給額を記入しているのは約七五％しかいなかった。つまり、約二〇％の人が年金収入があるのにもかかわらず「無収入世帯」とカウントされているのです。したがって、収入が実態よりも過少に算出されてしまうというわけです。

この研究ではこの点を踏まえて、「家計調査」ではなく「全国消費実態調査」のデータを用

高齢世帯の平均貯蓄額

		貯蓄額	サンプル数
高齢の夫婦のみ世帯	就業	1.76万円	1.836世帯
	非就業	−1.03万円	5,633世帯
高齢の単身男性世帯	就業	3.57万円	60世帯
	非就業	−0.45万円	288世帯
高齢の単身女性世帯	就業	−0.04万円	185世帯
	非就業	−2.14万円	1.341世帯

全体	就業	1.55万円	2.081世帯
	非就業	−1.37万円	7.262世帯

※「高齢者の貯蓄と資産の実態：『全国消費実態調査』の個票による分析」内にある評価から筆者作成。金額がマイナスになっているものは、取り崩し額。

い、消費支出などに様々な調整を加え、また、就業の有無や夫婦・単身の別も明確にして調査を行っています。その結果は表の通りです。

これを見れば、就業していない世帯全体で、毎月の取り崩し額は一万三千七百円です。年間では約十六万五千円、余命が三〇年間とすれば約五〇〇万円が必要となります。もっとも厳しいのは、働いていない単身女性ですが、毎月の取り崩し額が二万一四〇〇円なので、年間約二五万七千円。これが三〇年続くと七七〇万円となります。「老後二千万円」どころか、「老後は八〇〇万円」くらいあればいいということになります。さらに言えば、働いて収入を得ている世帯を見れば、夫婦世帯で毎月一万七六〇〇円、単身男性では三万五七〇〇円の黒字となってい

60歳以上の者の暮らし向き

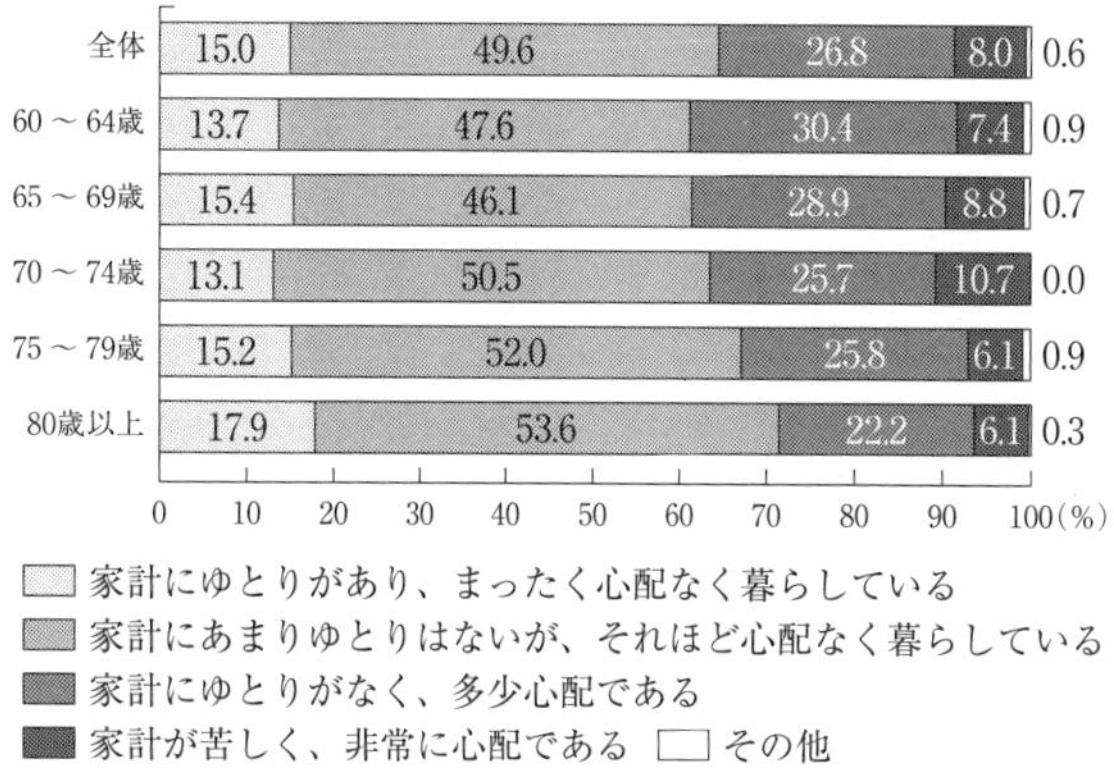

ますから、月数万円くらい働いて稼げば貯蓄を取り崩さずに暮らしていけるのです。

「老後二千万円」とは余りに大きな違いがあるので、どちらを信じたらいいのか……と思われるかもしれませんが、収入の把握の仕方にほころびがある（年金収入の記入漏れが二割も含まれている）という点で、私には「老後に二千万円が必要」はかなり眉唾のように感じられます。

「二〇一八年度版「高齢社会白書」に、高齢者の「経済的な暮らし向き」に関するデータが掲載されています（図）。

それによると、「家計にゆとりがあり、まったく心配なく暮している」が一五・〇%、「家計にあまりゆとりはないが、それほど心配なく暮らしている」は四九・六％で、合計は六四・六％となります。「多少心配である」と答えた二六・八％も合わせれば九割を超えます。高齢者が、平均的に毎月五万円以上の貯蓄の取り崩しがあるとしたら、このような家計のゆとりを感じるでしょうか。こう考えれば、やはり「老後八〇〇〇万円」のほうが的を射ているのではないかと私は思います。

3　幸福な高齢期を創るための考え方

ここまで、「高齢期には幸福感が上昇していくこと」「高齢者の肉体的な若返りは著しいこと」「知能は衰えないこと」「健康寿命は実は八〇歳代前半」であり、「経済的な暮らし向きにも大して心配がないこと」を述べてきました。ここまでくれば、健康でいられる長い期間をどう生きるかについてしっかり考えなければ……、考えなければ損だ、高齢期がもったいないと思っていただけるのではないかと思います。

ところが、私が高齢者に「今、何をお望みですか？」「これから、どんなことをしたいと考えていますか？」といった質問をすると、「子どもや孫が幸せなら、それで十分」とおっしゃる方が少なくありません。子どもたちを育て上げ、つつがなく勤め上げて、担った使命を全うできた安堵。もう若い人たちだけでやってもらって、私たちのような、お迎えを待つだけの人間はもう身を引いたほうがいいという、この世代特有の美学が感じられる言葉です。しかし、**言葉が過ぎるかもしれませんが時代錯誤のように思います。そんなに早くお迎えはやって来ないからです。**「いつ、お迎えが来るのかなあ」「もー、私いつまで生きるんやろ」といった、自虐的で苦笑を含んだ話をよくされますが、残念ながらそう簡単にお迎えはやって来ません。それどころか、健康な二〇～三〇年が待ち構えているのです。

アメリカには、サクセスフル・エイジング（successful aging）という言葉があります、「幸福で実りの多い、優れた人生を全うする」といった意味です。老年学者のロバート・バトラーが唱えた、「健康で能力もあるのだから、生産的な活動や社会貢献活動に参加しよう」というプロダクティブ・エイジング（productive aging）も広く共感を呼んでいます。27ページでも触れた「サード・エイジ」（The Third Age）は、「人生の最盛期。達成・完成期」という意味で、「健康で就労の義務はなく、経済的に自由に暮らせる時」です。

インドには、人生を四つに分けて考える「四住期」という考え方があります。①「学生期（がくしょうき）」：まだ一人前ではなく、学び、心身の鍛錬を通して成長していく期間。②「家住期（かじゅうき）」：仕事を得て懸命に働き、結婚し、家庭を持ち、子を育てるために頑張る期間。③「林住期（りんじゅうき）」：世俗を離れ、迷いが晴れ、自分らしく自由に、人間らしく生きる時期。④：「遊行期（ゆぎょうき）」：人生の最後の場所を求め、遊ぶように何ものにもとらわれない人生の最終盤。これを見ると、高齢期には③や④のような楽しい時間が待ち構えていると思えてきます。

古代中国でも、「玄冬」「青春」「朱夏」「白秋」という人生の四季がありました。幼少期はまだ人として芽吹く前の冬であり「玄冬」。若々しく、これからの未来に希望を膨らませ、成長し続ける時期は「青春」。世の中で中心的な役割を果たし、バイタリティあふれる活躍を見せる現役世代が「朱夏」の時期。最後の「白秋」は老年期で、人として穏やかな空気やたたずまいを見せ、人生の実りを楽しむ期間、とされます。定年退職は「朱夏」が終わったばかりで、まだまだこれから「白秋」で実りを楽しまねばなりません。

「私はもう十分」という考えは捨てて、長い高齢期を幸福で自分らしく楽しみ、高齢期ならではの境地を味わいながら生きていくための考え方などについて見ていきたいと思います。

高齢期における六つの課題

アメリカの教育学者・ハーヴィガーストはその著書『人間の発達課題と教育』（Developmental Tasks and Education）の中で、高齢期について以下の六つの発達課題を提示しました。発達課題は、「人間が、健全で幸福な発達をとげるために各発達段階で達成しておかなければならない課題であり、次の発達段階にスムーズに移行するために、それぞれの発達段階で習得しておくべき課題」と定義されています。平易に言えば、これをクリアすれば幸福が得られ、さらに歳を重ねたときにはその状況にうまく適応していけるということになります。

〈高齢期の六つの発達課題〉

① 体力や健康の衰えに適応すること
② 引退と収入の減少に適応すること
③ 配偶者の死に適応すること
④ 同年代の人々と親密な関係を結ぶこと
⑤ 社会的・市民的義務を果たすこと
⑥ 身体的に満足できる生活環境を確立すること。

順に見ていきましょう。

①体力や健康の衰えに適応すること、②引退と収入の減少に適応すること

加齢に伴う避けがたいマイナスの変化に抗うことなく、それらを受け入れ、その変化にうま

く対応していけるかどうかという課題です。

③配偶者の死に適応すること

配偶者と同時に死ぬことはできません。したがってそのとき、どちらかが大きな喪失を味わねばなりません。**その死とどのように向き合い、受け入れるか。そして、配偶者のいない状況にうまく適応できるかどうかと**いう課題です。人によっては、配偶者だけでなく、親や近しい人の死かもしれませんし、現代では、ペットもこの項目に相当するケースもあるでしょう。

④同年代の人々と親密な関係を結ぶこと

「世代間」ではなく、「同年代」と言っているところがポイントです。よく「世代間で交流をしよう」というかけ声も聞きますし、それは悪いことではありませんが、**高齢者にとっては同世代との交流がより望ましい**ものです。これは、後ほど改めて触れたいと思いますが、その理由は、一つには同世代のほうが、互いの状況や心理を共有しやすいこと、二つ目は共通の話題が見出しやすいこと、三つ目は活動時間がおおむね一致していることです。「孫が来るのは嬉しいが、何日もいると疲れてしまう」というのは、この三点に当てはまらないからでしょう。

⑤社会的・市民的義務を果たすこと

収入になる仕事をする、ボランティアをする、地域の活動に参加するなど、何らかの形で社会参加をすることです。先ほど紹介した「プロダクティブ・エイジング」のように、高齢者は現役を退いたとしても自立を続け、その能力を活かして生産的な活動、社会貢献活動に参加すべきだという考え方です。「生涯現役」に近いイメージです。

⑥身体的に満足できる生活環境を確立すること

若い頃のままの生活環境は、高齢者にとって危険であったり、不都合が多くなったりするから、**高齢期に相応しい家や環境に身を置くようにしなければならないという課題**です。若い頃には気にもならなかったことが高齢期には苦痛になったり、場合によっては大きな事故につながったりします。自立生活を継続するためにスーパーや病院や金融機関などが近くにあるかどうか、段差や坂道がきつくないか、居室や浴室などに大きな温度差がないかどうか、庭の手入れが大変ではないか、体調の急変や事故、災害などの際に手助けをしてくれる人がいるかどうか等に注意し、問題があれば住み替えも検討すべきということです。

これら六つの課題は現代の日本にも十分に通用します。高齢期を幸福に過ごす前提として、チェックリストにしてみるのもいいかもしれません。

幸福な高齢期への四つのステップ

中高年の脳や知力と心理的成長について研究したジーン・コーエンは、人生の後半期における発達のステップとして、「再評価段階」「解放段階」「まとめ段階」「アンコール段階」の四つがあると唱えました。この四つのステップを順に踏んでいくようにすれば、幸福な高齢期が実現すると考えたのです。

最初の「再評価段階」では、**これまでの人生や自分自身を見つめる（再評価する）こと**。人生の折り返し地点までくると、それまでのように、いくらでも時間がある、やろうと思えば何でもできる、うまくいかなかったことでも十分に取り返せるといった発想は現実的ではない。だから、これまでの経験を振り返って冷静に自分を評価し、残された時間をどのように使うべきかを考えることが大切になってくる。また、折り返し地点のように思えても、実際にはいつ死ぬか分からないから、死を徐々にでも意識しておくようにするのも欠かせない。

次に「解放段階」で、時間的にあるいは精神的に縛られていた事柄が減った（解放された）ことを自覚すれば、その結果、それまでの人生ではできなかったことをやりたいという意欲が湧いてくる。「再評価段階」において死や残された時間を意識していれば、「今、やりたい。やるしかない」といった欲求が出てくる。退職や子の独立によって、仕事や家事・子育てといった**「やらなければならない」ことではなく、「やりたいこと」に焦点が当たるようになり**、それは、不自然で無理をする自分ではなく、本来の自分らしい言動を取り戻し、自分らしい暮らしぶりを獲得することにもつながる。

「まとめの段階」では、「やりたいこと」をやっている〝本来の自分〟（再評価段階とは異なる自分）を改めて見つめ、これまでの人生を総括すること。そして、**「やりたいこと」に集中できている環境や、「やりたいこと」に自由に時間が使える社会やそれを支える人々への感謝を持つこと**。このような気持ちは、自身の行動を恩返しや貢献に向かわせる。人生をしっかり総括できれば、死をより明確に意識できるようになり、死を恐れない態度が身につく。そうすれば、死後に子や周囲に迷惑をかけないための準備・整理に落ち着いて取り掛かることができる。

最後の「アンコール段階」に至ることができれば、コンサートで本演奏が終了したあと、アンコールとして演奏者が軽めの曲をリラックスしていかにも楽しそうに、笑顔をたたえて演奏するように、**気楽な気持ちで、マイペースで人生の最後の余韻を楽しんでいるような状況にな**れる。このような人は、続けてきた日々のルーチンワークに淡々と取り組み、物事のちょっとした変化や、草花や空の様子などから季節が移ろっていく様子などに喜びが感じられるようになる。取り組んだことの結果の良し悪しに一喜一憂せず、他者の評価などは気にせず、世間の常識にとらわれず、一般的な型にもはまらず、とても自由にしていられる。その発言や行動から、経験や知恵や自分らしさや深い味わいなどが感じられ、個性的な人格として肯定的に認められる。

この四ステップには、**「現役時代の自分は、本来の自分ではない」**というメッセージが込められています。再評価段階は、自分がこれまでの人生のほとんどの期間において、課せられた役割を演じていたに過ぎないと自覚するステップです。本来の自分は、演技をする必要性がなくなって「やりたいことができる」ようになった解放段階を経て、まとめの段階に至ったときに初めて発見が可能になると言っています。少し前に、「自分史」が流行っていましたが、現役を退いてすぐ書かれた自分史の中に、本来の自分はないということになるでしょう。再評価段階は、発想の切り替えを促してもいます。時間も可能性も無限にあると思ってしまうような年齢は過ぎているのだから、時間はもちろん自分の能力や運にも限界があると理解し、その前提で何をすべきかを考えろと言っています。なぜなら、「いつ死ぬか分からない」からです。

再評価段階のポイントは、「演じていた自分」と「死への意識」にあります。これがあるから、解放段階で「やりたいという意欲が湧いてくる」のですが、**逆に言えば、やりたい意欲が湧いてこないのは、「演じていた自分」も「死への意識」もないから**ということになります。夫・妻、父親・母親という家庭での自分、会社や仕事において上司や部下や顧客の視線を受けている自分、それらは全て演じるべき「役」だったのですが、ずっと演じているとだんだんとそれが「本来の自分」だと思い込んでしまう。もともとその「役」は、〝時間的にあるいは精神的に縛られていた事柄〟だったにもかかわらず、やっているうちに、それこそが自分だと勘違いしてしまう。だから、退職や子の独立というきっかけがあっても解放された感覚がなく、やりたい意欲が湧いてこないのだと思います。もちろん「役」に没頭し、それを全うされたことは素晴らしく、称賛されるべきではありますが、**高齢期にはそれは「役」だったと気づかねばなりません。**

親の「本来の自分」は、その子にとっても極めて重要です。親を亡くしたとき、その子が「親のことを、あまり知らなかった」と後悔することがとても多いからです。そのとき子が「知りたかった」と思うのは、親が頑張って演じていた「役」では決してありません。子が知りたいのは、まとめの段階で「やりたいことをやっている」親であり、アンコール段階で「個性的な人格として肯定的に認められる」親であるに違いありません。幸福な人生の最終盤を送る親を見ることができ、親が亡くなったあとも、本来の親の姿を思い出して自分の子どもたちに語って聞かせられる。こういう子は、本当に幸せだと思います。

この四ステップは、理想的な「終活」のガイドラインになります。介護、医療、相続、遺言、墓、葬儀、モノの処分などをどうするか具体的に決めようという、今のよくある「終活」もいいのですが、この四つのステップを参考にすれば、人生の終盤の生き方、終い方についてもっと高い視点から考えられるようになるはずです。

孤独について

孤独は現代社会の大きな問題です。高齢者についても、孤独は心身の衰えを加速しやすく、助けが得にくいために体調急変時に放置されたり、孤独死につながったりする危険もあり、その解消は喫緊の課題となっています。本章のテーマである「高齢期の幸福」を考えるにあたって、孤独の問題は避けては通れません。しかしながら、孤独を単に「一人でいること」と捉え、一人でいる人は全て「孤独」とみなして助けるべきかというと、そんなに単純な話ではありません。

いつも一人で街に出て絵を描いている人、いつも一人で本を読んでいる人が、決して絵画サークルに入れなかった、読書サークルから除け者にされたというわけではありません。「加齢のパラドクス」で触れたように、高齢期になって幸福感が上昇するのは、嫌な人と付き合ったり、気の進まない場に出て行ったりしなくていいからだ（離脱説）と考えると、一人でいる人を無理に交流の場に連れていくのは、ストレスになりかねません。一人でいる姿を見て、「孤独で可哀想だ」と勝手な判断をし、関わろうとしたり、どこかに連れ出そうとしたりするのは大きなお世話です。そもそも、誰でも「一人でいたい」という気持ちと、「集団の一員でいたい」という気持ちの両方を持っていますから、一概に「一人でいるのは良くない」というのも乱暴な話です（これからは、一人でいてもインターネットでつながりを持つから構わないという人も増えていくかもしれません）。

　イギリスの精神科医であり心理学者のアンソニー・ストーは、『孤独』という著書の中で、「孤独になる能力は、自己発見と自己実現をもたらす。自分の最も深いところにある欲求、感情、衝動が自覚できる」と述べています。孤独は必ずしも悪いものではなく、孤独によって得られる価値があるという、この考え方に納得される方も多いでしょう。

　逆の例で言えば、卓球サークルに入ってワイワイと楽しく活動しているように見えても、本人はいつも仲間に気を遣って疲れ切り、活動後に皆で行く喫茶店での会話にまったく興味が湧かないといった場合、傍目には楽しそうでも、気持ちは孤独かもしれません。場に馴染めないときに感じる孤独というのは、周りに人がいればいるほど強くなるものです。元気なうちに、万が一に備えて高齢者施設に入ったものの、そこで暮らす人たちの受け身の態度や職員のよそよそしい姿勢が嫌で、すぐに退所したくなる人が少なくないそうですが、これも似たような例と言えるでしょう。

「孤独」を辞書で引くと「①仲間や身寄りがなく、ひとりぼっちであること。②思うことを語ったり、心を通い合わせたりする人が一人もなく寂しいこと。また、そのさま。」とあります。①は外形、②は内面を言っています。いつも一人で本を読んでいる人は、確かに①ひとりぼっちだけれども、②寂しくはない（あるいは楽しんでいる）かもしれません。卓球サークルに楽しみが見出せない人は、①仲間はいるけど、②寂しいかもしれない。高齢者の孤独問題の取り扱いは、そう簡単ではありません。

一方、**「孤立」の意味は「一つまたは一人だけ他から離れて、つながりや助けのないこと」とあります。「孤独」に比べればこちらは判断しやすく、また高齢者は避けるべき状況と言えます。**高齢になると、近いところに助けてくれる人がいることが大切です。家庭内での事故や体調急変、災害などいざという時に放置されかねないような環境は危険です。またそういう人がいれば、面倒な作業や手続き、力仕事なども代わってやってもらえるでしょう。

ある高齢者住宅では、毎日必ずラウンジに出てきて本や新聞を読んでいる男性がいます。ラウンジの近くにはスタッフが常駐しており、近くで人が行き交い、少しの賑わいもあります。読書は家の中でもできますが、このような場にいれば安心できるのでしょう。この人は毎日一人でいますが、他の人たちから離れてはいませんし、もし何かあればいつでも助けを求められるような緩いつながりの中で暮らしていて、私には孤立もしていなければ、孤独でもないように見えます。

　こう考えてくると、**高齢者とその子が同居ではないものの近くに住む「近居」は優れた住まい方**だと思います。高齢者にとっては、子や孫というつながりが近くにある安心があり、子や孫だから助けを求めやすいし、いつでも会って寂しさを軽減できるという条件が揃っているからです。同居していると子や孫の生活に巻き込まれてしまって、かえって孤独を感じることもあるでしょう。これが近年、近居を望む人が増えている理由かもしれません。

4　世代間の認識ギャップ、親子の複雑な感情

「高齢の親と長期間、離れて暮らす」初めての世代

「親孝行、したい時分に親はなし」。親のありがたみが分かる年頃になり、親孝行をしたいと思うようになったときには、もう親はこの世にいない――。そうした後悔や嘆きを表現した言葉です。

　七〇歳代で亡くなるのが普通だったような時代は、そのとき子どもは四〇歳代。会社の中心的存在として働き盛りで仕事に忙しく、その子はまだ学生なので手もかかる。とても親まで気

が回らないという状況だったでしょう。それから十年もたてば仕事や子育てが一段落して、親孝行をする余裕が生まれてくるのですが、そのときにはもう親はこの世にいない。「親孝行、したい時分に親はなし」は「さりとて、墓に布団は着せられず」と続くようですが、「何の孝行もできなかった」と後悔した人が多かった時代だと思います。

超高齢社会が到来した今は、いわば「親孝行、したい時分に〝親がいる〟」時代です。六〇歳代で退職した人の親は八〇歳代になっていますが、衰えはあるものの多くは自立して暮らしており、昔のように亡くなったから親孝行ができないということはありません。超高齢化は親孝行を可能にしたとも言えます。しかしながら、昔と違うのは都市化、核家族化によって親とは遠く離れて住んでいることが多く、近くにいるからこそできる手助けや三世代の団らんといったような親孝行はなかなかできません。田舎にいる親のほうがお金を持っていますから、仕送りなどは大した親孝行になりませんし、都会に住んでいるから何かとお金がかさんでしまう子に経済的な支援は難しいケースが多いでしょう。

現在の高齢者は、高齢期を高齢者だけで二〇〜三〇年過ごすことになった初めての世代であると述べましたが、子ども世代も同様に、離れて暮らす親が二〇〜三〇年生き続けることを経験する初めての世代と言えます。現在の高齢者にロールモデルがないのと同じく、子ども世代にもロールモデルがありません。したがって、離れて夫婦で暮らす親、あるいは一人暮らしをする親に対して、どのように対応すればよいのか、相当に迷いがあるのだと思います。

もっとも、長男だという理由などで地元で公務員になったり地元企業に就職したりして、実家にいたりその近くに居を構えているような人であれば、親の様子もよく分かっていますし、親の老後について一緒に考えることは、それこそ自分の運命だと思っているでしょう。でもそうではない、**実家から都会に出てきた人のうち多くの人は、親を放ったらかしにしているような罪悪感を持ったり、日々とても親の様子が気にかかっていたりしているはずです。**

しかし、冷静に考えれば罪悪感を持つ必要はありません。介護保険制度が導入され、介護保険料を払っており、介護サービスを利用するのは当然に受益できる権利であるからです。介護保険制度の導入前までは、介護は受益者の負担がない国による措置制度、いわば「施し」でした。「施し」は世間に申し訳ないし、恥ずかしいと思う心理も分かりますが、今は違います。負担しているのだから、堂々と受益すればいいわけです。つまり理屈としては、「もはや子どもや家族が親の面倒をみる時代ではなく、サービス業者に任せればいい」となっているのですが、そんなにドライに考えるのが難しいのも実際です。

子は親を知らない、分かっていない

都市に人が吸い込まれ核家族化したことで、親子の会話の機会は減り、相互の理解はかなり低下しました。離れて暮らしており、帰省するのは正月やお盆くらいでは親の実態はなかなか分かりません。里帰りをしたときには、「せっかく帰ってきたのだから」と食べて飲んで終わりで、親の老後や最期といった込み入った話はできません。親子が互いに想いを持っているのに、その話をしないままに時が過ぎてしまいます。

私も父の死後、「父親のことを何も知らなかった」「もっと話をしておけばよかった」と後悔しました。歳をとり、徐々に自分の中に父親に似ているような部分があるように感じてきていたので（それは私にとって好ましいことではありませんでしたが）、ルーツとしての父親の話をなぜもっと深く聞いておかなかったのかと思いました。よく酒を酌み交わしていたのですが、振り返ってみれば、核心に触れるような話は何となく照れくささがあって避けていました。

先日、一戸建ての持ち家を売って住み替えたいと言う高齢男性にお会いしました。その理由を尋ねると、「妻との思い出がたくさんある家にいると、毎日、悲しみが湧いてきてつらい。気持ちを切り替えるために違うところに住みたい」とおっしゃいました。そして東京にお住いのお子さんには「庭の掃除が大変だから引っ越すことにした」とだけ言っているそうです。私とは少し違いますが、ここにも親のことを知らない子どもがいるということです。

高齢期に心配なこと、恐れを感じるもの（複数回答可）

	65歳以上	
1	身体能力の衰え	72%
2	認知症	66%
3	家の周辺環境	53%
4	大きな病気やケガ	53%
5	外見の衰え	38%
6	親の世話や介護	38%
7	自宅の老朽化など	35%
8	配偶者の死	34%
9	転倒や事故	32%
10	家事の煩わしさ	31%
11	地震などの災害	25%
12	自分の死	24%
13	やることがない状況	23%
14	蓄えの少なさ	21%
15	孤独や寂しさ	21%
16	年金の受給額	16%
17	子どもの状況	15%
18	お墓	15%
19	相続	13%
20	親の死	3%

	65歳未満	
1	身体能力の衰え	83%
2	親の世話や介護	64%
3	認知症	63%
4	孤独や寂しさ	53%
5	やることがない状況	52%
6	家の周辺環境	50%
7	大きな病気やケガ	49%
8	年金の受給額	45%
9	蓄えの少なさ	45%
10	配偶者の死	32%
11	外見の衰え	32%
12	家事の煩わしさ	31%
13	自宅の老朽化など	28%
14	自分の死	27%
15	転倒や事故	20%
16	親の死	20%
17	子どもの状況	18%
18	お墓	12%
19	地震などの災害	12%
20	相続	9%

親子の対話による相互理解の前に、そもそも高齢者と次世代では高齢期に対する認識のギャップがかなりあります。表は、「老いの工学研究所」で、「高齢期に心配なこと、恐れを感じるもの」について調査した結果です。六五歳以上：一〇二人、六五歳未満：一四四人に、二〇項目の中から複数回答可で選んでもらったところ、高齢者と次世代では、高齢期に対する認識が大きく異なっていることが分かりました。

「高齢期に心配なこと、恐れを感じるもの」について、「身体能力の衰

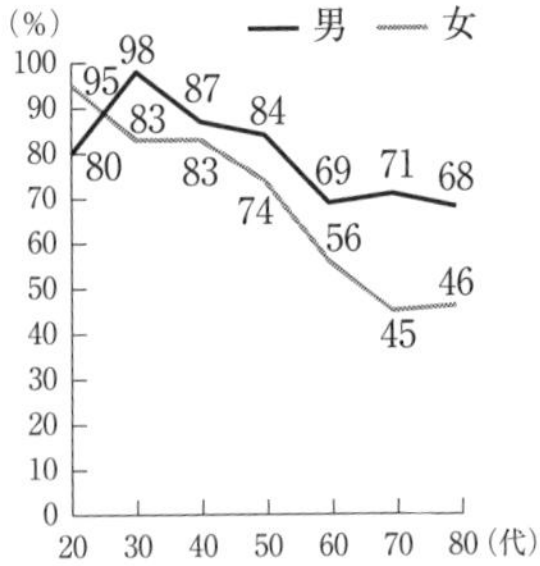

長寿はめでたいことである

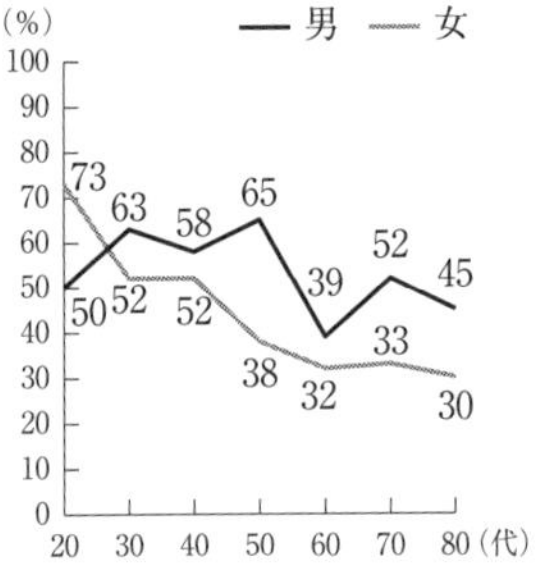

長生きそのものに価値がある

え」「認知症」「家の周辺環境」「大きな病気やケガ」は、六五歳未満も六五歳以上も共通して上位に挙げています。一方で、六五歳未満では上位にあり、六五歳以上で順位が低いのは、「やることがない状況」「蓄えの少なさ」「孤独や寂しさ」「年金の受給額」でした。若い世代は、時間や能力を持て余すことや金銭的な問題、孤独感を心配していますが、六五歳以上の人たちにとってそれらは大した心配事ではない。そのギャップは、二〇～三〇％の大差になっています。おおざっぱに言えば、**若い世代は、高齢者は身体は衰えるし、お金には困るし、孤独でやることもないんじゃないかと思っているけれど、それは的外れの想像に過ぎないということです。**

現代は、親子の踏み込んだ対話の機会が減っているし、それ以前に高齢期に関する認識のギャップ（高齢者の実感と、それに対する子ども世代の無理解）がとても大きくなっています。**このギャップが高齢者が幸福に向かっていこうとする行動を制限する要因になっているとすれば、**この解消は非常に重要な問題と言えるでしょう。

もう一つ、世代間の認識ギャップがよく分かるデータをお見せします。「長寿はめでたいか」「長生きに価値を感じるか」という問いに対する回答を見ていただきましょう（P124の図）。

高齢者で、「長寿はめでたいことである」「長生きそのものに価値がある」という人の割合は、歳をとるほど減っていることが分かります。もちろん、ここまで読んできた方にはお分かりのように、主観的幸福感は歳をとるにつれて上がっていくのですが、「めでたいか」「価値を感じるか」という客観的視点から問うと、そうでもなくなってくる。

なぜ、親子の対話ができないのか？

終活イベントに友達連れで足を運んでいる人たちは、実に楽しそうです。棺桶に入ってみたり、遺影を入れる黒枠から顔を出して、「遺影でイエイ！」と言って写真を撮ってみたり。あの明るさは、いつか死ぬことをある程度リアルに捉え、受け入れているからこそ出てくるものでしょう。ただし、そういう方もいざ家族と面と向かってその話をするとなると、同じように陽気ではいられません。

親からすれば、「死んだら葬儀はこう、墓はこうして」といった要望は子どもを縛りつけるようだし、今さら「面倒をみてほしい」などと言えるわけがない。「自分とは違って、子どもには好きなようにさせたい」と考え、自由にさせてきた人が多いからでしょう。就職や結婚も昔とは違って「本人が良ければ」といって本人の言う通りにさせてきた親が大半であるように見えます。それだけ自由にさせてきたのだから、今さら一貫性のないことは言えない。そんな矜持のようなものがあるように思います。

子どものほうからしても、親に介護や死後の対応などを切り出すのはかなり難しいことです。そもそも本人に向かって「介護」や「死」といった話をするのは気が引けます。さらに、現代は、子が親に対して「孝行らしいことを何もできていない」という後ろめたさを持ちがちです。離れて住んでいたら、余計にそれを感じます。**放置している自分に、親に何か言える資格があるのか。**そんな気持ちにもなるでしょう。時代が変わっているようで、実は今も「親の面倒は子がみるもの。他人の世話になるのは恥ずかしい」といった昔ながらの感覚が残っているわけです。理屈の上では、介護保険料を負担しているのでもっとドライに考えてもいいのですが、なかなかそうはなれません。だから、介護施設に親を入れるとなると後ろめたさがじわじわ湧いてくる。現実に目を向けたくないために、面会に行かなくなっていく。介護施設にいる親が亡くなったときにホッとする。そうなるのだと思います。

そうやって対話のないまま、そのときを迎えるのは良くありません。なんとか相互理解と合意の機会を持ちたいものです。そういったプロセスを経ているかいないかで、心の持ちようは大きく変わります。**最終的に施設にお願いすることになっても、能動的に働きかけて関与したというプロセスを経てそこに至るのと、何も合意形成がないまま施設に入所になるのとでは、子ども自身の罪の意識は大きく違ってきます。**

写真撮影を介して親を知る「有終写真」

親子の対話事例として、大阪のフォトスタジオ「soramark」の代表でフォトグラファーの相葉幸子さんの活動を紹介したいと思います。彼女は、関西でのマタニティーフォト撮影の草分け的存在です。「家族の物語」をテーマに、妊娠中の写真や、誕生した赤ちゃんとの写真、子どもの成長とともに家族写真を定期的に撮影し、その時々のメッセージを入れた写真を残し続けていくサービスを提供しています。

五年ほど前からは、高齢者を対象とした「有終写真」を始めました。有終写真には、人生の「有終の美」へ向かっていく人の姿を、写真と言葉で残していくという意味が込められています。

相葉さんは撮影する相手をリラックスさせ、人となりが存分に引き出せるよう、様々な質問を投げ掛け、傾聴しながら撮影していくスタイルをとります。撮影が進むほどに相手の心が開いていき、撮影後には気持ちがすっきりと前向きになる方が多いそうです。

その様子を傍らで見ている子どもたちは、親がする話にいつも驚いていると言います。子どもとしては、親のことを十分に知っているつもりだったのに、「そんなことを考えていたのか」「そんなことがあったのか」という意外な話が飛び出すからです。

八〇歳代の男性を撮影したときの話です。一カ月前に奥さんを亡くしたところであったため、自然と話はご夫婦の関係に及びました。「どんな奥様だったのですか？」と相葉さんが尋ねると、「そりゃあ厳しかった」とひとこと。それから、妻がいかに厳しかったかというエピソードを次々に語ったのだそうです。

同席していた息子夫婦は初耳のエピソードばかりで、母親には父親に対してそんなに厳しい側面があったのかと驚いたそうです。一方、それを聞いた孫は「おじいちゃんは優しいけど、おばあちゃんは怖かった」と発言し、その場は大爆笑。このひとときで、男性の心は幾分か軽くなったのではないかと想像できます。

最後に、写真に入れる「大切な人へのメッセージを書いてください」とペンを渡すと、「後はヨロシク」と書いたそうです。誰もが妻への思いを書くだろうとしみじみしていた中で書かれた、あっさりとした息子夫婦へのメッセージに家族も相葉さんも泣き笑い。息子夫婦の泣き笑いはきっと、親の人生や今の心境に深く触れることができた感激からだったのだろうと想像します。

家族にはお互いに知らないことがたくさんあります。だからこそ、意識的に相互理解を深める機会を作っていくべきではないかと思います。その際、家族だけでは煮詰まってしまうケースが多く、他人が介在したほうが話がスムーズに進む、あるいは考えるきっかけが得られることがあります。有終写真という機会は、写真撮影という場や、第三者による上手な問い掛け（質問や傾聴の姿勢・スキル）によって親子の深い対話を発生させており、高齢の親に対する子の理解不足を解決するためのヒントを与えてくれます。先の八〇歳代の男性は、配偶者を亡くして、これからは少し寄りかからせてほしいという気持ちの表明ができ、息子夫婦はそれを受け入れる、非常によい機会になったのではないかと思います。

本章では、高齢期の幸福について考えてきました。幸福感の上昇（加齢のパラドクス）、身体の若返り、知能や精神の発達、そして実は、（六五歳まで健康で生きた人の）健康寿命は男女とも八〇歳を超えており、「老後資金二千万円」もかなり疑わしいという説についても述べました。要するに、高齢期には幸福感が上がっていくし、健康面や経済的側面を見ても幸福感の高い高齢期を実現する条件は揃っているということです。その上で参考にしていただきたい、幸福な高齢期を創っていくための「六つの課題」「四つのステップ」という考え方をご紹介しました。

私がお伝えしたいのは、端的に言えば、条件が揃っているのだから早くご自分の幸福な高齢期に向けて具体的な行動を起こしてほしいということなのですが、ハードルが一つ存在しています。「子どもや孫が幸せなら、それで十分」という言葉に象徴される、子や孫に対する遠慮、自分だけ好き勝手にするのは申し訳ない、みっともない、年寄りは控え目にすべきという考え方です。周囲の子ども世代には「もういい歳なんだから、余計なことをせずにジッとしておいたら?」とか、「何かアクションを起こされて、面倒なことになっては困るな」といった現状維持を望む心理があるように感じます。そして、子世代と親世代の認識ギャップもなかなか埋めがたいものがあります。

しかしながら、そのハードルを飛び越えて、幸福長寿を実現してほしい。その方法として、高齢者自身にも、次世代にも提案をしたいことがあります。それは、本書のタイトルにもなっている「集まって住む」ということです。集まって住むことは、高齢者にも子世代にも大いにメリットがある。そのことを、次章で詳しく見てみたいと思います。

第四章　高齢者が集まって暮らすことによる価値

1　高齢者が住んでいる「危ない環境」とは？

高齢者の事故の七七％は家の中で起こっているというデータがあります。（独立行政法人国民生活センター）。現役時代の家は、高齢者にとって決して安全な環境とは言えません。高齢者もそれは、うすうすは自覚されているようです。

以前、高齢者の住まいに対する不安や不満についてアンケート調査を行いました。「現在の住まいについて、不満や不安はありますか？」との質問に対して、「ある」「ややある」と回答した人の割合は、男性三二・三％、女性四九・一％にのぼりました。男性では約三分の一の人が、女性では約半数が、住まいに不満や不安を抱えているということになります。女性のほうが不満を感じる人が多いのは、やはり家事を担っているために、家の状態をよく知っているか

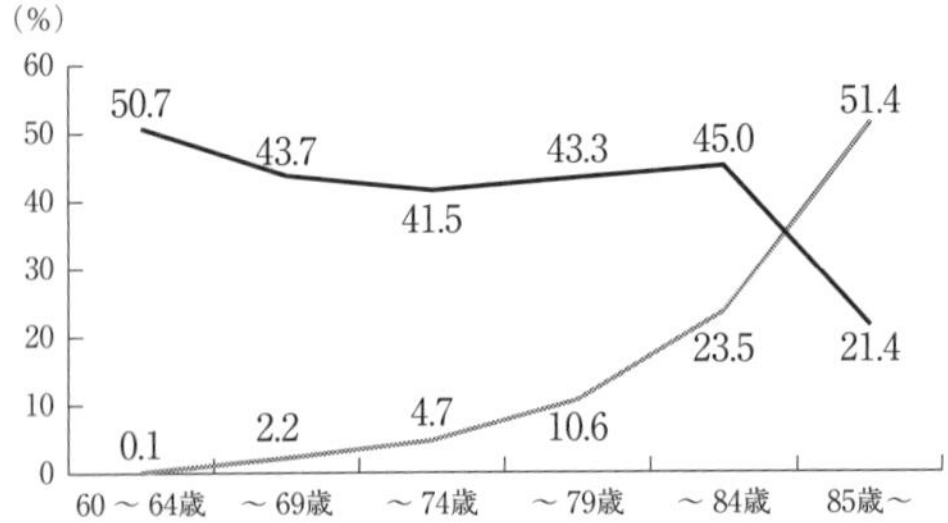

— 住まいへの不満が「ある＋ややある」 — 要介護・要支援者の割合

1	管理が大変（広過ぎる、老朽化）	59.6%
2	段差・階段がある（室内）	36.9%
3	地震・災害が心配	24.1%
4	寒い（日照、密閉性がない）	13.5%
5	坂道が多い（周辺）	5.0%
6	病院が遠い	4.3%
7	買い物が不便	4.3%
8	狭い	3.5%
9	防犯面が不安	2.8%
10	駅が遠い	2.8%

らかもしれません。また年代別に、本アンケートにおける住まいに対する不満や不安が「ある」「ややある」人の割合と、日本全体における要介護・要支援の認定を受けている人の割合を合わせて見てみると、要介護・要支援の状態にない自立した元気な高齢者の四～五割が、住まいに満足できていない状態にあることが分かりました。

また、不満や不安の内容については表の通りで、「管理が大変（広過ぎる・老朽化）」が五九・六%、「段差・階段がある（室内）」が三六・九%、「地震・災害が心配」が二四・一%であり、上位には維持管理・仕様・耐震性といった住宅そのものに関する問題が並びました。いわゆるファミリー層が重視する利便性に関する項目はいずれも三～四％に留まっていることが分かります。

要するに、身体的な衰えや、家族構成の変化などに伴って、当然、相応しい住まいは変わるのですが、不満や不安を抱えたまま住み続けているのが現状だということです。

リフォームすればよいではないかと思われるかもしれません。しかし、**「広過ぎる」のはどうしようもありません。「坂道が多い」「病院が遠い」「買い物が不便」といった立地に関わる不満もリフォームで解決できることではありません。急な階段や各所の段差、寒さ、防犯・防災などの問題を全て解消するのも、建物の老朽化を含めてリフォームでは極めて難しいでしょう。**素直に考えれば、危ない自宅を離れて、高齢期に相応しい環境に住み替えたほうがよいに決まっています。

住み替えのハードル

とはいえ、健康な高齢者が要介護者を対象とした施設に入れるわけではありません。高級有料老人ホームもあるが豪華過ぎるし値段も高過ぎる。サービス付き高齢者向け住宅（サ高住）は、いかにも中途半端でまるで介護施設のようになっているものもある……。仕方なく駅前のタワーマンションを探している人もいますが、それは若い世代が住むために作られているので、求めているサービスやコミュニティはない。結果としてずっと住んできた家に我慢して住み続けるしかありません。つまり、**健康な高齢者に適したハード・ソフトを備えた住宅がかなり不足しているのです。これが高齢者の事故の多発、孤独を誘発しており、**早期に解決すべき問題と言えるでしょう。

もう一つの問題は、「住み替え」に対する心理的なハードルの高さです。多くの高齢者は現役時代に手に入れた庭付き一戸建ての家が、「ゴール」（住み替えの終了）だと思い込んでいます。今の家が、「住宅双六」のゴールだと信じ込んでいるという問題です。

「住宅双六」は、戦後日本の標準的な住み替えパターンを指したもので、一九七三年に京都大学の上田篤氏が朝日新聞に寄稿した『現代住宅双六』から広まった言葉だそうです。進学や就職で家を出たら寮や安い賃貸住宅に住み、次に結婚で社宅や少し広い賃貸住宅に住み替える。子育てが始まってマンションを手に入れ、子どもが増えて大きくなり始めると郊外の庭付き一戸建てへ移る。これが双六のゴールでした。庭付きの一戸建ては、苦労して手に入れた夫婦の誇りであり、男性はこれで一国一城の主になったと満足を覚えました。

しかし、今や人生一〇〇年と言われる時代。**郊外の庭付き一戸建て住宅は、ゴールではなく、高齢者にとって不便であり、不安のもとであり、さらには重荷（売れない、相続価値がない）**

にもなっています。リフォームでできるのは、家庭内事故の危険を多少低下させる程度のことで、不便・不安・重荷のほとんどは解消できません。つまり、二〇～三〇年にわたる高齢期を過ごす場所として相応しいとは言えません。人生一〇〇年時代の「住宅双六」にはもう一マスなければならないはずです。

欧米では、早めに高齢者住宅に住み替える（高齢者が集まって住む）のは珍しくありません。高齢期の身体的状況に合った家で暮らすことによって危険を回避するとともに、医療や介護を含めた様々なサービスが受けやすくなり、また孤独を感じずに楽しく暮らせる。そんな高齢者住宅での暮らしぶりが広く知られていて、前向きな決断がしやすいからでしょう。**日本では高齢者住宅と介護施設とを混同している人がとても多く、高齢者住宅への住み替えについて、本人は「時期尚早」（自立が難しくなってから入る介護施設と混同してしまっている）**と考え、子どもや家族は「後ろめたい」（姥捨て山のような印象を持っている）と思いがちな状況ですから、その認識には大きな差があります。

現役時代の家は、危険であることを含めて高齢者には相応しくありません。高齢者は元気なうちに、早めに住み替えるべきです。その理由について述べていきたいと思います。

コロナ禍で見えた、「高齢者のみ世帯」の危なさ

感染症全般に言えることでしょうが、感染すると高齢になるほど重症化しやすく、死に至る危険も高くなります。新型コロナウイルスでも、死亡した人の年齢は、七〇歳以上で全体の約八五％を占めています。また、ヨーロッパでは死亡者の四～六割が「介護施設」の入所者。日本でも介護施設でいくつもの集団感染が発生しています。

介護施設で、感染者が出やすい理由はざっと三つ考えられます。

一つ目は、サービス提供において「濃厚接触」が避けられないこと。職員が行う、「抱き起こし」「排泄介助」「オムツ替え」「投薬」「部屋の清掃」「食事の介助」「入浴介助」といった行為は近づかないとできません。耳の遠い方には、近くで話しかける必要があるし、自室にキッチンがないから、食事は食堂で集まってとる。サービスをしようと思えば、「三密」は避けられないのです。

二つ目は、共用の設備・用具などが多いこと。トイレや風呂は共用で、タオルやシーツなどのリネン類も自分のものを使うわけではありません。食事の際に使う食器や箸なども共用。もちろん、施設は清潔に保つ努力をしておられますが、自宅に比べれば、他者が触れたものに接触する機会が多くなりますから、感染の可能性も高くなります。

三つ目は、そもそも入所者の免疫力・抵抗力が低いこと。要介護認定を受けるなどがないと

施設に入れないわけですから、体力が弱っていたり、基礎疾患があったりする方も多いはずです。したがって、健康な人よりも高い確率で重症化してしまいます。

以上の三点を見ると、介護施設は病院と似たような状況にあることが分かります。濃厚接触が避けがたく、共用の設備・用具も多く、そこにいる人たちの免疫力が低くなっているのは、それぞれ程度の差はあれ介護施設も病院も似たようなもの。感染症の流行時においては、介護施設は医師や看護師がいない病院のようなものだといった見方も、あながち間違ってはいないでしょう。そう考えれば、今回、少なくない数の介護職員が業務に従事することに二の足を踏んだのもうなずけます。仕事で自分が感染して、家族にうつしてしまうかもしれないし、自分が施設でのクラスター発生の原因になってしまうかもしれないと考えてしまうだろうからです。

一方、コロナ禍での緊急事態宣言で外出の自粛が呼びかけられ、社会全体で移動や交流機会が減り、その結果、介護施設以外の**「高齢者のみ世帯」**で、**高齢の人たちの心身に大きな影響があった**ことは見逃せません。外出自粛は自立生活が可能な高齢者に三つの悪影響を及ぼしました。

一つ目は、**運動不足によってフレイル（虚弱）が進んだこと**。店が閉まり、買い物や外食などちょっとしたお出かけがなくなり、散歩や運動をする機会も減ってしまった。運動をしないと、高齢者では二週間で筋力が二三%低下するという調査もあり、若い人とは違って、高齢者は筋力の低下を元に戻すのはかなり難しくなります。

二つ目は、**人と会う機会やストレス解消の機会が減り、抑うつ傾向が強まったこと**。「三密」を避けるために、定期的に参加していたサークル活動やイベントが中止になり、近所付き合いなど人と交流する機会も減ってくる。交流機会の減少が抑うつ傾向を強め、さらには認知症のリスクも高まることは、様々な調査で明らかになっています。

三つ目は、孤立・孤独の問題。**交流の機会、人と話をする機会の減少は、助け合いの機会や見守りの目が減る**ことにつながります。

以上のように、今回のコロナ禍のような事態においては、要介護状態ではない、**高齢者のみ世帯においても「フレイル（虚弱）」「抑うつ」「孤立」という3つのリスクがある**ことが分かりました。これからも新型コロナウイルスを含む感染症などへの警戒を怠るわけにはいかず、また毎年のようにインフルエンザで三千名が死んでいる（今回の新型コロナウイルスによる死者をはるかに上回る）ことを踏まえれば、高齢者はまず「介護施設に入らないようにするための健康維持」に努めるとともに、「外出規制などがあっても、近くに人がいて支援が受けられる環境」に住むことが重要になってくるはずです。

老人ホーム入所者は、なぜ幸せそうに見えないのか？

「幸福感は『健康』『人間関係』に次いで『自己決定度』に影響を受ける」とする興味深い論文が、二〇一八年に発表されました。神戸大学の西村和雄特命教授と同志社大学の八木匡教授による「幸福感と自己決定─日本における実証研究」です。

この研究は、日本人約二万人の調査を行い、分析したもので、その要旨には「**幸福感を決定する、健康、人間関係に次ぐ要因としては、所得、学歴よりも自己決定が強い影響を与えている。**自分で人生の選択をすることが、選んだ行動の動機付けと満足度を高める、それが幸福感を高めることにつながるのであろう」とあります。調査では、以前から他の研究でも指摘されていた「幸福感は若い時期と老年期に高く、三五～四九歳で落ち込む『U字型曲線』を描くこと」「一定の所得レベルを超えると、所得は幸福感にあまり影響を与えなくなること」も確認されています。

この調査結果は、人のモチベーションについて説明した「自己決定理論」に符合します。「自己決定（自分の意思に基づく）」「関係性（独りではない）」「有能感（やればできる）」の三点が満たされるとき、人はやる気になるという理論です。人生や生活、仕事などにおいて自らの意思によって選択し、周囲との良好な関係の中で手に届く目標を持って取り組んでいる……そうした状態にある人は、意欲が高まるということです。

逆に、他者に決められた役割や目標に、独りで向き合わねばならないような状況では、やる気も低下してしまいます。やる気と幸福感は同じではありませんが、経験的にも、大いに関係しているように感じます。

日本の老人ホームや介護施設にいる高齢者を見ると、ほとんど幸福感というものが見えません。先述の研究結果から、それは「自己決定」の機会がないからだと考えられます。そもそも、老人ホームなどの施設にいる人たちの多くは、自分の意思ではなく、子どもや家族に連れてこられて入所しています。また、外出には届け出が必要だったり、食事のメニューや時間が決められていたりして、施設側が決めたルールに従って集団生活をしなければなりません。

もっとも、これには理由があります。まず、老人ホームなどの高齢者施設は誰のためにあるのかというと、入所する本人というよりは、むしろ世話を焼けなくなって連れてきた子どもや家族のための場所という意味合いのほうが強いのです。従って、施設内でけがをしたり、事故が起こって運営責任を問われたりするような事態を避けねばならず、入所者に自由な行動をされては困るため、集団行動を求めざるを得ません。

さらに言えば、入所者の介護度が上がるほど収益性が向上するという高齢者施設のビジネスモデルは、「できる限り長く健康状態を維持したい」という入所者の思いとは逆のベクトルになっており、「営業姿勢やモラルに問題が生じないか」「入所者の思いに反して、施設に入ると心身が弱ってしまう結果にならないか」という懸念もあります。

ちなみに、幸福感が世界トップクラスとして知られるデンマークでは、一九八八年に「老人介護施設」の新設が禁止され、自分の意思で暮らせる「高齢者住宅」の建設が進められるようになりましたが、その理由について当時の福祉大臣は「**施設の多くは孤立し、不毛で活気がなく、いる人たちの権威を失わせるようなミニ病院、いわば人生の最期を迎える前の待合室になっていた**」と述べています。

実際に訪れた人たちに聞くと、デンマークの「高齢者住宅」で暮らす高齢者の表情の明るさ、主体性のある言動の格好よさなどは、日本の高齢者施設にいる人たちとはまったく違うと言います。

「長い高齢期を幸福に暮らす」ことは、高齢期を目の前にする六〇歳代はもちろん、高齢の親を持つ子ども世代にとっても気になるテーマでしょう。高齢期の幸福には、健康やお金、人間関係に加えて、「自己決定」も大きな影響を与えます。**高齢期を迎えたら「どこで、どのように暮らすか」を自分で決め、自分の意思に従って自由に暮らせるようにすること、また、子ども世代には、高齢の親に我慢させることなく、自己決定に基づいた自由な暮らしができているかどうかを考え、支援するような姿勢が求められます。**

デンマークで提唱された「高齢者福祉の三原則」があります。①生活の継続性、②自己決定の尊重、③残存能力の活用です。①はできる限り在宅でそれまでと変わらない暮らしができるよう配慮すること、②は高齢者自身が生き方や暮らし方を自分で決定し、周囲はその選択を尊重すること、③は本人ができることまで手助けするのは能力低下を招くのでやってはいけない、ということです。

これを紹介した講演会で、終わった後にある男性が来られて、次のように話されました。

「九五歳になる母がいまして、今、介護施設にお願いしています。ついこの前まで要介護1だったくらい元気で、職員さんは『この施設の中でお母さまが一番元気ですよ』と言ってくださいます。褒めてもらえる嬉しさの反面、介護施設に入れたのはよかったのだろうか。母は何も言いませんが、幸せなのだろうか。そういう思いがずっと消えませんでした。でも、今日分かったのですが、『高齢者福祉の三原則』というのが施設ではまったく感じられないんですね。ほぼ、逆のことが行われています。だから、私はずっと母の幸せについて疑問に思ったり、迷ったりしていたんだろうと。分かったのはよかったのですが、今度はそういうところを勧めてしまった後悔が、今あります」。

別のセミナーで、元気なうちに老人ホームに移った方の話も興味深く聞きました。いわゆる、高級有料老人ホームですが、まったく馴染めなかったと言います。

「とにかく、どこに行ってもシーンとしていて会話がない。笑いもない。職員は丁寧で、ちゃんとしているからまったく問題はないんだけどもマニュアル的でよそよそしい。文句はないけど楽しくもないわけよね。食事を一回するたびになんとなく疲れるのは何でだろうね」

その後、念のために置いていた家に戻ったそうです。

サ高住は、なぜ介護施設のようになってしまうのか？

二〇二〇年九月、兵庫県明石市のサービス付き高齢者向け住宅（サ高住）で、職員による入居者への虐待事件が発生しました。神戸新聞の続報によると、職員は八〇歳代の男性に一晩で四十回以上、殴る蹴るなどの暴行を繰り返したことや、七〇代の男性入居者にも暴行を加えていたことが明らかになっています。この事件は、サ高住が「老人介護施設」のようになってきていることを象徴する出来事だと感じます。

そもそも、サ高住は、自立生活を営んでいる高齢者が高齢期の身体状況などに合った住宅に早めに住み替えることによって、健康で安心して暮らせるようにすることを目的とした住まいで、介護が必要になった人たちのための「施設」とは基本的に異なります。

超高齢化時代を迎え、健康寿命を延ばすことが重要課題となる中、高齢者にとって、現役時代から住んでいる家や周辺環境は家庭内での転倒など事故の危険性が高くなったり、体調の急変や急病への対応が難しかったり、困ったときに相談する相手がいなかったりして、高齢期にふさわしい環境とはいえません。

そこで、住宅の構造・設備面や見守り・生活相談などのサービスが整った賃貸住宅に住み替えてもらい、安心して老後を過ごしてもらおうというのがサ高住の狙いです。だからこそ、建築主に対して一住戸当たり最大一八〇万円にもなる工事費が補助され、税制面の優遇措置もあります。国からしてみれば、健康寿命が延びるなら（要介護者の増加を抑制できるなら）、それくらいの税金をかける価値があるということです。

ところが、そのような目的を持つサ高住がだんだんと、介護施設のようになってきています。冒頭の七〇歳代・八〇歳代の男性が職員に暴行を受けた事件は、自立生活を営む高齢者が多く入居する集合住宅ではまず考えられません。そんなひどい暴行には抵抗するでしょうし、もし抵抗できなくても他の入居者に状況が伝わるはずですし、他の入居者の目があれば、職員もそんな行動はできないでしょう。

サ高住といえども、実態はほとんどの入居者が要介護状態となり、入居者同士の会話や交流もなくなって、自室にこもって介護サービスを受けているような人が多い施設だったからこそ起きたのだろうと思います。

「施設化」の大きな要因は、サ高住の多くが介護事業者による経営だからだろうと筆者は考えています。介護事業者は当然ながら介護が得意ですし、得意な介護によって収入を得たいでしょう。ところが、入居者が元気であり続けると、サ高住は単なる賃貸マンションに過ぎず、介護をする機会がありません。収入も賃料収入だけとなります。

入居者から賃料以外の収入を得るには、自立した人より、要介護状態の人が入ってくる方がいいし、元気な人も要介護になってもらうほうがいい――。意識的に入居者の衰えを進めているような業者がいるとはまったく思いませんが、少なくとも、交流や運動の機会を積極的に提供するといった「入居者に元気であり続けてもらう」方向のインセンティブは働きにくいはずです（もちろん、全てのサ高住がそうだとは言いません。入居者を元気にする取り組みを熱心に行っているサ高住もあります）。

高齢者が健康寿命を延ばし、介護を必要とせずに安心して暮らせる家を増やすという方向には大賛成ですし、補助金や税制面における優遇措置も優れた高齢者住宅を広げていくためには必要な政策でしょう。しかしながら、現状を見ると、それがサ高住であるとは到底思えません。**健康寿命が延びる環境を創るのではなく、税金を使って、衰えを加速させる「施設」を増やしているようにしか見えない**からです。

このような状態が続いていけば、サ高住が介護施設と混同されて市民から見放され、入居者も集まらなくなるのではないでしょうか。もしそうなれば、税金を入れて作られたサ高住の運営者の倒産も増え、結果的に、最も困るのは入居者ということになってしまいます。

「高齢者は転居でストレス、心身に悪影響」は本当か？

「リロケーション・ダメージ」という言葉があります。住み慣れた場所から転居（relocation）して、環境が変わることによってストレスが蓄積し、心身に悪影響が及ぶことです。特に高齢者にこのような症状が出やすいとされており、それを恐れて、高齢期の住み替えをためらい、たとえ不便でも老朽化していても寂しくても、それまでの家に我慢して住み続ける人が多いようです。

しかし、私は「高齢者は、転居による悪影響を受けやすい」という考え方はかなり疑わしいと思います。理由は三つあります。

一つ目は、高齢者にリロケーション・ダメージが多く確認されたのは「生まれ育った地元で一生暮らし続ける」ことが普通だった時代の話だということです。進学・就職・家族数の増加・転勤などで、何度も住む場所を変えてきた経験を持つ**今の高齢者は、環境変化への適応力が昔とは大きく違う**と考えられます。

昔の高齢期の転居とは、「家長」的な自分の存在価値の喪失であり、三世代同居から放り出されることであり、そこしか知らない地域コミュニティを失うことでした。そうした状況とはまったく異なる現代の高齢者が昔と同じように、リロケーション・ダメージを受けるとは思えません。

二つ目は、今の高齢者を年齢だけで、昔と同じように語るのは無理があるからです。前述のように、高齢者の身体は年々若返っています。肉体の若返りは気持ちの若さにも関係するでしょうから、当然、**環境変化に適応する力も現代のほうがはるかにある**はずです。

三つ目は、**リロケーション・ダメージをケアする体制が高齢者住宅などで整ってきている**ことです。転居によるストレスが心身に悪影響を及ぼしかねないことが広く知られるようになり、新しい環境に早く馴染めるよう工夫された仕組み（支援する人たちやプログラム）が用意されています。この点も昔とは大きく違うところです。

そう考えると、気を付けなければならないのはむしろ、現役時代の家に無理をして住み続けることによるダメージなのかもしれません。若返ったとはいえ、いつかは衰えがやってきて、手伝いや手助け、見守りが必要になってくるでしょう。身体的な衰えによって、現役時代の家は高齢者にとって危険にもなってきます。医療や介護へのアクセスが容易であることも欠かせませんし、周囲に人がいる環境であることも大切です。

これらを満たす環境に転居すればいいし、今の高齢者には新しい環境への適応力もあります。ところが**「高齢者はリロケーション・ダメージを受けやすい」という〝神話〟を信じて現役時代の家に住み続けることによって、かえって、家の中での事故や不便・不安・孤独といったダメージを受けてしまう人**がいます。

実際、消費者庁が集計したデータによると、二〇一八年の高齢者の家庭内事故による死者数は「転倒・転落」が約八八〇〇人、「不慮の窒息」は約八〇〇〇人、（ヒートショックなどをきっかけとした）「不慮の溺死および溺水」が約七一〇〇人で、交通事故で亡くなった約二六〇〇人をいずれも大きく上回りました。現役時代の家に住み続け、だんだんと人との交流や会話が減っていって楽しみもなくなり、孤立感を覚えるようになる人も多くいます。最も避けるべきはこのような「住み続けダメージ」の結果、心身が早く衰えて自立生活が難しくなり、適応力が落ちた状態になってから転居することで、より大きなリロケーション・ダメージを受けてしまうケースです。

昔と今の大きな違いを踏まえれば、リロケーション・ダメージは単なる神話です。**環境変化への適応力が高い、高齢期の早い時期に住み替えれば、リロケーション・ダメージをなくすことも十分可能です。**高齢の親の状況について心配している子ども世代の皆さんも、この点は理解しておくべきでしょう。

2　幸福長寿の方程式

高齢期も、やっぱり「環境が人を変える」

今の高齢世代が子育てに奮闘していた一九六〇年代～七〇年代、学歴信仰が強まり、教育熱心ないわゆる教育ママたちが出現しました。「いい学校に入りなさい」と子どもを塾に通わせ、小学校や中学校から私立校に通わせる家庭が増え、受験戦争という言葉も生まれました。「いい学校に入りなさい」という言葉の裏には、それが〝いい大学〟への進学や〝いい会社〟への就職につながるといった思いに加え、よい環境に身を置いて、よい友達の中で様々なことを吸収して成長してほしいという願いが込められていたのだと思います。

「朱に交われば赤くなる」というもので、人は環境次第。自分がそういう環境を得られなかったという想いも大きかったと思いますが、親として子どもには、それなりの学校に行って、それなりの環境に身を置いて子どもたちが良い影響を受けて勉強する習慣が身についたり、それなりの立ち居振る舞いやものの考え方ができるようになったりしてほしいと思ったはずです。

確かに、自分の意志のみで目標を定め、努力するのは簡単ではありません。周りに見本となる人がいたり、ライバルになり高め合える人がいたりしたほうが頑張れます。要するに、たいていの人は環境に大きく左右されます。長く生きてきた親として、それが十二分に分かっているから、「いい学校に入りなさい」と言って勉強をさせてきたのでしょう。それだけで全てが決まるはずはありませんが、環境が大いにその子の人生に影響を与えるというのはその通りだと思います。

では、高齢期はどうでしょうか。

子ども時代は環境が大事だけど、高齢になったら環境は大して大切ではないとは思えません。**いくつになっても、やはり人は周囲に影響を受ける**はずです。子どもの頃よりは自己というものがあって周りに左右されにくくなっているでしょうが、歳をとっても周囲に誰もいなければサボったり乱れたりするし、周りに人の目があれば頑張るし、綺麗にしたりするようになります。つまり、高齢期を心豊かに過ごすためには、それも二〇～三〇年にわたる長い期間ですから、**子ども時代と同じように良い環境に身を置いたほうがよいに決まっています。**

ただし、「良い環境」は子ども時代と高齢期では内容が異なります。まず、肉体的な衰えを考慮する必要があります。面倒な作業に加え、転倒やヒートショックなどの危険と隣り合わせの住まいは避けたほうがいいでしょう。また、ちょっとした手助けをしてくれる人、いざというときに助けてくれる人は近くにいてほしい。居心地の良い仲間と顔を合わせる機会も重要です。このような環境に恵まれていないのに、なんとか健康維持や楽しみを求めようとするのは、子どもが周りの誰もやる気がないクラスに入ってそれでも一人で勉強しようとするのと同じで、大した成果は期待できません。子どもには「良い環境に身を置きなさい」と言っていたのに、自分は環境に関心がない（恵まれない環境で頑張ろうとする）というのはいかがなものでしょうか。私はそう思います。

ある七〇歳代前半の女性がこう話されました。「歳をとって何がダメかっていうと、素敵な人になかなか出会えなくなること」。昔から周りにいる人には飽き飽きしてきた。気づきを与えてくれたり、敬意を抱いたりするような対象に出会えない。そんな悩みでしょうか。改めて、いくつになっても刺激や学びを与えてくれる人、尊敬できる言動を見せてくれるような人が必要なのだと気づかされましたが、「だから環境を変えようと思って、故郷の〇〇にはもう居場所がないから〇〇に行くことにしたのよ」と、嬉しそうにおっしゃったのには驚きました。第一章で紹介した吉岡恵美子さんは、「そうか、こうやって生きていったらいいんだ」と言われましたが、素敵な人たちと出会うことによる気づきは極めて貴重で、長い高齢期に向かうための新しいきっかけになるのだろうと思います。

それは、学生時代のように自分より勉強や運動ができるスゴイ人とか、会社員時代のように自分より地位もお金もある人とか、**同じ基準で自分と比較するのではなく、自分とは異なる分野、価値観で生きてきた多様性に〝素敵さ〟を感じられる**のではないかと想像します。「色んな人がいるの！」と、嬉しそうに語る高齢者に何人もお会いしましたが、似たような人たちが同じ基準で競い合うようなことはもう勘弁、そんな気持ちの表れなのではないかと感じます。

素敵だと思える人たちに囲まれる環境は、身体的な健康にも好影響を及ぼします。互いに敬意を持ち合える仲間の中にいれば、前向きにいられ、張りが生まれ、健康維持にもつながっていきます。元気でいよう、しっかり振る舞おう、綺麗にしていようという気が湧いてくるからです。

これを分かりやすく証明した調査結果があります。一般社団法人 日本老年学的評価研究機構が行っている、日本全国の高齢者約二〇万人を対象とした大規模研究です。

たとえば、一一年間にわたる追跡調査で、「趣味の会やスポーツの会へまったく参加しない人」は約三〇%が死亡していましたが、「週一回以上参加している人」が死亡した割合は約二〇%でした（調査：日本福祉大学社会福祉学部准教授 斉藤雅茂氏）。これは、人との交流が心の張りになっていることに加え、互いを見守る場になっているとも考えられます。

さらに、**「運動する」だけでなく、「誰かと一緒に運動する」ことで抑うつ状態になる人の割**

合が下がる（調査：東京医科大学・公衆衛生学分野 金森悟氏）ことも分かっており、一人でするよりも「誰かと一緒に」という社会的側面をプラスすることで、運動がより効果的になることが示唆されます。一人では続かないものが皆でやると続けられる、一人でやるよりももう少し頑張ってみようかと思える。そんな違いが、時間が経つと大きな差となって表れてきます。

面白いのが歯の本数です。六五歳以上の約二万人を対象にした調査では、**「よく会う友人の種類の数が多い」ほど、歯が多く残っていました**（調査：東北大学大学院・歯学研究科 相田潤氏）。よく会う友人の〝人数〟とも関係するのですが、友人の〝種類の多さ〟（様々な場で人と交流しているかどうか）にも大きく関係していることが分かりました。人との交流の機会が、歯の健康を維持する動機となっていることを示唆しています。

自立高齢者を対象にした一〇年間の追跡調査で、家族やそれ以外の相手からの「サポートを受けられる状況にあった高齢者」は、そうでない人よりも「一〇年後の要介護リスク」が一〇％以上減少していました（調査：国立長寿医療研究センター・社会支援研究室室長 村田千代栄氏）。これは、体調急変時などに気づいたり助けたりしてくれる人が近くにいるかどうか、面倒なことや難しくなってきたことを頼めるような近しい人がいるかどうかも重要であるということでしょう。

また、同じく自立高齢者を対象とした約五年間の追跡調査で、週三日以上、交流の機会を持っていた高齢者が、五年後に要介護認定を受けた割合は七・七％であるのに対し、二回以下の人たちの一四・〇％の半分程度となりました（調査：日本老年学的評価研究機構）。

これらのデータが示す通り、精神的側面・社会的側面が身体的状況に大きな影響を与えていることが分かります。これらの調査を統括した日本老年学的評価研究機構代表の近藤克則氏（千葉大学予防医学センター教授）は、「『どこに住んでいるか』によって健康寿命の平均値が大きく異なることが分かっている」「周囲に人がたくさんいるところで、関わりを持ちながら暮らしていくことが重要だ。自然と出歩くようになり、人と会うような生活ができる街に住めば、健康でいられる可能性は高い」と言っています。「どこに住むか」すなわち、環境が極めて重要であると指摘しているのです。

高齢者には、同世代交流が望ましいわけ

今年、「老いの工学研究所」で行った「高齢者が望んでいる交流」に関するアンケート結果をご紹介しましょう。まず、「交流を望んでいる世代」について「同世代」「四〇～五〇歳代」「一〇～三〇歳代」の三つから選んでもらったところ、「同世代」が男性八二％、女性八六％と男女ともに最も多く、八割を超えました。「四〇～五〇歳代」を選んだのは男性七三％、女性七八％で、「一〇～三〇歳代」を選んだのは男性六九％、女性では六一％でした（図）。つまり、

高齢者は、どの世代との交流を望んでいる？（性別）

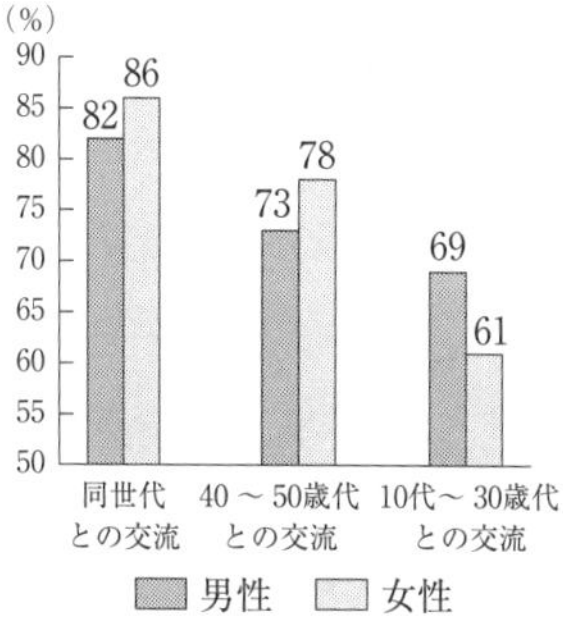

高齢者は、どの世代との交流を望んでいる？（年代別）

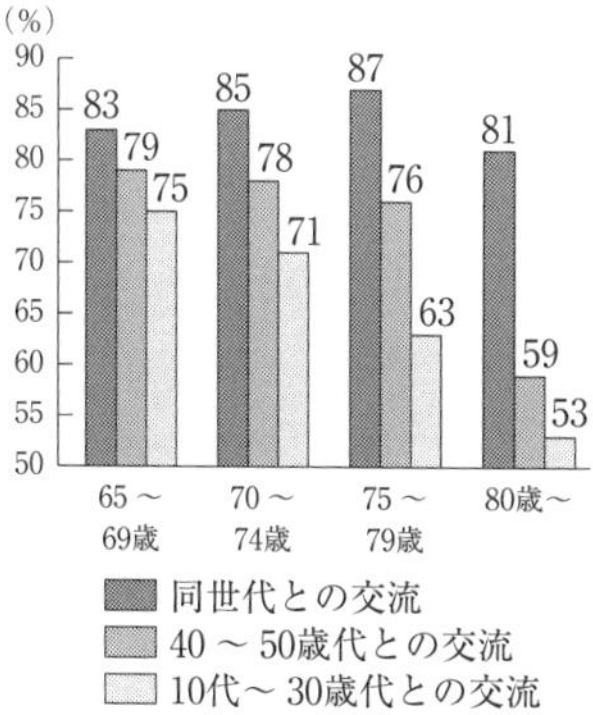

高齢者は若い世代よりも同世代との交流を望んでおり、その傾向は女性ほど顕著であったということです。また、回答を年代別に見てみると、年齢が上がるほど、同世代との交流を望む傾向が強くなることが分かりました。

また、「どのような交流相手を望むか」については、男女ともに「趣味の仲間との交流」が最も回答が多く、次が「近所の人との交流」で、「子や孫との交流」はその次という結果になりました（次の頁の図）。

つまり、高齢者は「同世代交流」を望んでおり、**自分の子や孫よりも、「趣味の仲間」や「近所の人」との交流を望んでいることが分かりました。**

一方で、「歳をとったら、若い人たちと交流した

高齢者は、どんな交流を望んでいる？（性別）

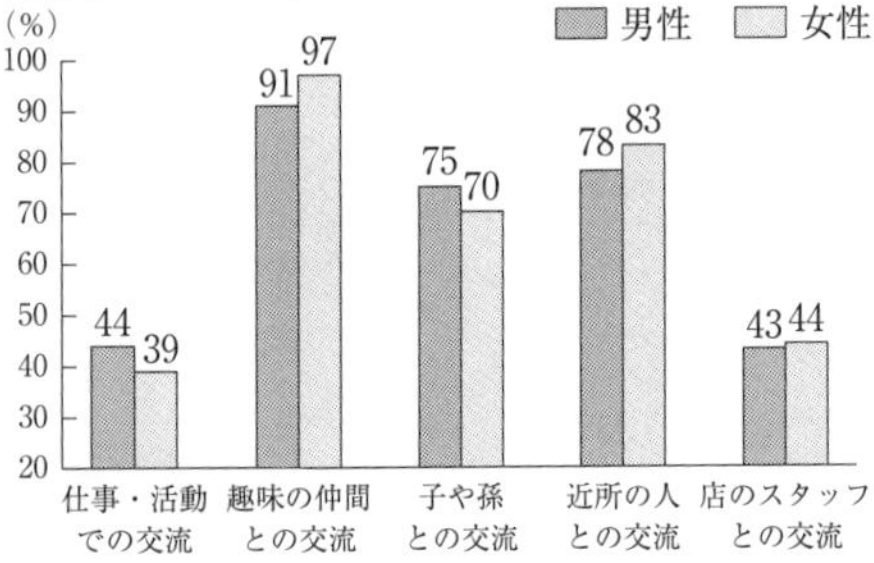

ほうがよい」という意見もよく耳にします。もちろん若い世代との交流は重要です。世代間交流によりいろいろな刺激を受けることは活力や癒しにつながり、お互いに学び合う機会ともなります。若者の間で流行っていることや物を知れば面白いですし、高齢者が若い世代に昔の話をすれば貴重な学びになるでしょう。若い世代の一部には、経済成長の恩恵を受け、手厚い社会保障を受けている現在の高齢者に対し敵意を示す人がいます。そうした世代間の軋轢を解消するためにも、身近な高齢者との交流が大きな意味を持つかもしれません。

しかし、そうした**世代間交流は日常のスパイスのようなもの**。先のアンケート結果のように、実際のところ高齢者は同世代での交流を望んでいます。これには三つの理由が考えられます。

一つ目は、**高齢者同士なら高齢期の心身の状態や置かれている環境を互いに理解し合いやすいこと**。若者は、高齢者の気持ちには理解が及びません。例えば、身体のあちこちにガタがきて痛むこと、金銭面やお墓の心配といった心身の様々な不安は、若い世代には遠い話です。歩くスピードも、ＩＴなどに関する新しい技術を使いこなす力も若い人とは違うため、「一緒にいると疲れる」という部分もあるはずです。

二つ目は、**共通の話題がある**こと。昔を振り返って話をするときに、あの頃はこうだったああだったと話が盛り上がるのはやはり同世代です。戦後から高度成長期の〝もの〟がない貧しい時代、そこからバブル前くらいまでにかけて、仕事や子育てに必死になってきた頃の話は同世代だからこそ弾むわけです。高齢者と若い人との対話はどちらかが一方的に伝え、どちらかが受け身になって学ぶだけになりがちです。

三つ目は、**高齢者同士のほうが日常的に会える機会が多い**こと。若い世代は、昼間は学校や仕事に出かけ、余暇は夕方以降となります。一方、高齢者同士なら朝や日中の時間に会いやすいもの。会う機会の多さは互いを見守り合い、助け合える関係が作りやすくなるという点で、高齢者にとって重要な要素です。

「高齢者が望んでいる交流」に関するアンケート結果には、高齢者心理がよく表れています。現代の高齢者が望む交流とは、高齢期ならではの漠然とした不安を背景とした、日常的に会いやすい人との何気ない交流なのであって、決して「世代間交流を通して若返る」ことではないのでしょう。

加えて強調したいのは、刺激を与えてくれるのは若い世代に限らず、同世代との交流からも多様な刺激が得られるということです。高齢者と一口に言っても、それまで歩んできた道のりは一様ではありません。高齢者こそ多様であり、異なるキャリアを持つ高齢者との交流は十分に刺激的なのです。

幸福長寿の方程式

一般に、健康寿命を延ばすためには、健康維持のための習慣（どう暮らすか）が注目されます。規則正しい生活をし、食事に気を付け運動をし、人との交流を持つ。そんな健康習慣が推奨され、多くの人がそれにならって努力をしています。

もちろんそれは大切なことですが、一方で、**高齢者の事故はその七七%が家の中で起こっています**（独立行政法人国民生活センター）。段差や階段につまづいて骨折し、入院して一気に衰えが進んでしまうケースや、暖かい居間から寒い風呂場へ移動する際などに寒暖差で失神・心筋梗塞・脳梗塞を引き起こすケース、そのような緊急時に誰にも気づかれず、放置されて手遅れになってしまうケースなどが代表的なものです。健康習慣（どう暮らすか）は確かに大事なのですが、このように、**高齢者にとっての住まいの不備や近くに人がいないなどが原因で、死亡あるいは自立生活能力を失ってしまうような事態につながってしまえば、せっかくの健康**

習慣はいっぺんに意味がなくなってしまいます。

さらに言えば、健康習慣は、身体的な健康には寄与するでしょうが、それで「幸福」になれるわけではありません。**身体的な健康は「幸福」にとって大切な条件でしょうが、幸福のための十分な条件ではない（健康なら必ず幸福であるとは言えない）**からです。

そもそも、〝健康〟はWHO（世界保健機構）が「身体的」「精神的」「社会的」に問題がない状態と定義しており、Well-being と呼んでいます。これは、〝幸福〟にかなり近い意味があります。日本では〝健康〟はもっぱらヘルス（health）と呼ばれ、身体的に問題がないという限定的な意味合いで、幸福（Well-being）とはかなり違います。実際、身体に問題なければ、どんな姿でどんな生き方をしていようが構わないという人は少ないでしょう。

「健康長寿」は、単に身体に問題がない長生きという意味合いで捉えられていますから、敢えてそれと区別するために、ここからは身体的に問題がなく、かつ精神的にも社会的にもいい状態で長生きをしていることを、「幸福長寿」と呼び、本書の冒頭でも示した「幸福長寿の方程式」について、詳しく説明していきましょう。

幸福長寿の実現のためには、「どこに住むか」を考えなければなりません。

まずは、**「安全な家」に住むこと**。若い頃の身体には問題がなかった家は、高齢期にはリスクの高い家に変わってしまうからです。小さな段差につまづく、階段や高いところから転げ落

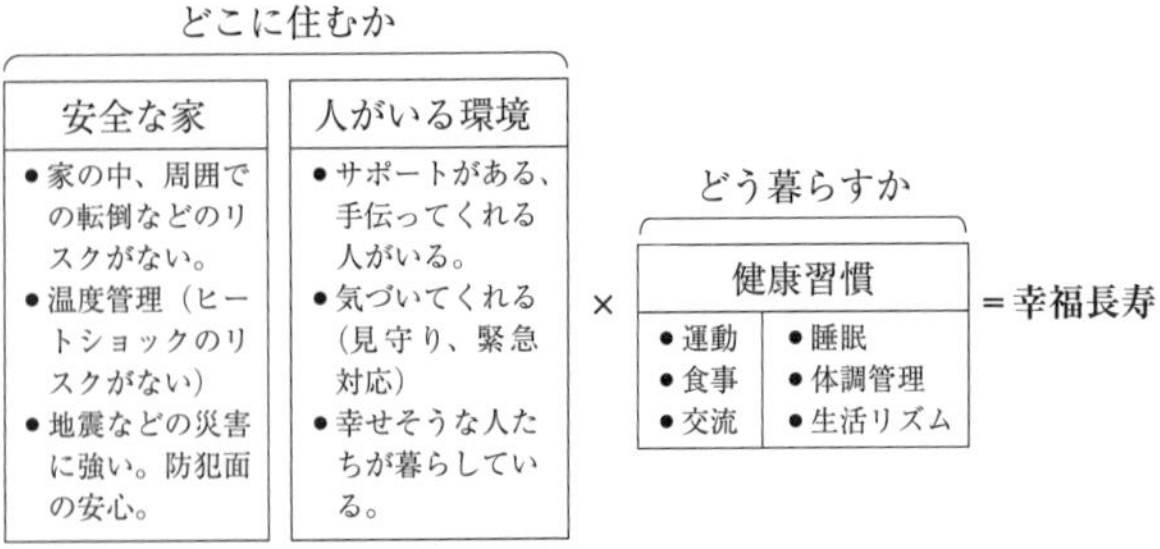

ちる、外部と部屋や風呂場の寒暖の大きさで身体が変調を来す。そんな危険が潜んでいるのですが、昔からずっといる見慣れた場を危険だとは感じにくい。平気で登れた階段が、歳をとったら息が切れるようになるのと同じように、つまづくはずもなかった段差で転ぶようになるわけです。昔に建てた家が地震などの災害に大丈夫かどうか、防犯面でも安心かどうかも不安が残るところです。

次に、**周りに人がいる環境に住む**こと。どんな家に住んでいても転ぶことはあるでしょうし、体調が悪くなったりもします。大切なのは、そのときに誰か気づいて助けてくれる人がいるかどうか。場合によっては、そこで自立が失われてしまうかもしれません。

分からないこと、面倒なことをすぐに頼める人がいる環境も、非常に望ましいと思います。スマホや新しく買った家電製品の使い方がよく分からない。書類の文字が小さくて読めないし分かりにくい。ちょっとした力仕事。身体の調子が悪いから、日用品をついで買ってきてほしい。そんなときに、気軽に手伝ってくれる人がいたらどんなにいいでしょう。高齢期ならではの悩みを相談できる人、専門家を紹介してくれるような人がいるのも心強いと思います。さらに、**幸せな人たちに囲まれるのも極めて大切**です。気づいてくれたり助けてくれたりする人の存在も大切な要素ではありますが、それだけで十分とは言えません。同世代の幸福な人たちと過ごす時間を持つことが、幸福な長寿の実現には重要です。「幸福は伝染する」からです。これは、世界のいくつもの研究で観察されている現象です。アメリカの社会学者であり医師のニコラス・クリスタキスが著した論文に、次のような言葉があります。

「過去の幸福感や心身の健康に関する研究は、経済的な面や遺伝的側面との関係に焦点を当ててきました。」しかし、「感情の伝染に関する私達の研究は、ある人の気分が、またたく間に他の人たちの感情を決定してしまう可能性を示しました。」「幸福感とはネットワーク現象であり、それは三回まで伝染します（例えば、友達の友達、さらにその友達まで）。」「人の幸福感は、関係している人たちの幸福感に依存しているのです。」（以上、筆者訳）

「幸福長寿の方程式」に、「幸せそうな人たちが暮らしている環境に身を置く」という要素を入れたのはこれゆえです。**幸せな人たちと触れ合うことは、健康習慣を強化します。**誰かと一緒にやったほうが楽しいし、長続きします。一緒にやれば、情報交換もできるから頑張りがいも生まれるし、自分の状態も測りやすくなります。人がいる環境は健康習慣にも大いに関係するということです。

大切なのは、「どこに住むか」という環境要因を満たした上で、健康習慣の実践が意味を持ってくるということです。健康習慣に十分に気を付けていても、住まいに危険があり、ある日突然、事故が起これば、健康長寿の式の答えはゼロになってしまうからです。だから、方程式を掛け算にしています。

3　高齢者が集まることによって得られる価値

「幸福の四因子」から考える

幸福長寿とは、身体的、精神的、社会的に満足な状態で長生きすること。これら三つの要素は、互いに影響しあっているのはお分かりだと思います。身体が元気だから、活き活きした気持ちになり、人との交流も可能になる。精神的な充実が、身体にも良い影響を与えるし、交流の質も高めます。他者との良質な交流があるほど、心身が活性化してきます。繰り返しになりますが、身体が元気というだけで幸福な高齢期は期待できません。

幸福学で知られる、慶應義塾大学大学院の前野隆司教授が唱えた「幸福の四因子」から考えてみましょう。

四因子は、一つ目が「やってみよう！」（自己実現と成長）。二つ目が「ありがとう！」（つながりと感謝）。三つ目は「なんとかなる！」（前向きと楽観）。四つ目に「ありのままに！」（独立とマイペース）です。これにならえば、幸福な高齢期を創るには、この四つの要素を満たすように暮らすのが大切ということになります。

「やってみよう！」は、**友達など親しい人から誘われて起こる気持ち、皆が楽しそうにやっている様子を実際に見ていて湧いてくる意欲**だと思います。テレビや新聞で見知らぬ人が何かをやっているのを見ただけで、なかなかそうはなりません。「ありがとう！」は言わずもがな。つながりのある誰かのためにやったら感謝され、誰かからやってもらえたことに対して、**声に出して「ありがとう」と言える**わけです。「なんとかなる！」という楽観は、**同じような状況にあった人の話を聞く、似たようなケースにいる人と励まし合う**ことによって持てるようになります。一人でいたら、どうしても悲観的に、悪い方向へ考えてしまいがちですが、**何でも言い合える仲間がいる**から「なんとかなる！」という勇気が出てきます。「ありのままに！」は〝他人に左右されない〟と読めば一人でいたほうが良さそうではありますが、「ありのままに！」を**〝自分らしく〟と理解すれば、他者の存在は欠かせません。**人は他者の中に自分を発見するのであり、また他者との関係の中に自分というものがあるからです。無人島で暮らしていたら、自分という存在が感じられないのと同じ理屈です。集まる人との関係にもよりますが、

「ありのままに！」も、やはり集まっているほうが実感しやすい。**集まることで、「幸福の四因子」のいずれもが満たされやすくなる**はずです。

そして、これらの要素をもっとも容易に満たす方法は「集まる」ことです。

集まって暮らせば、外に出れば人がいて挨拶を交わせ、気の合う仲間と簡単に楽しめます。そんな日常的な交流は見守りにもなり、緊急時の安心が担保できます。集まれば、助け合いも可能です。さらに、集まるとは力であり、サービスが受けやすくなります。いわゆるシェアですが、集まった仲間で一緒に交渉すれば様々なサービスが利用できたり、安くなったりします。

いつかは一人暮らし

集まって暮らすことを勧める理由は、もう一つあります。それは、高齢者のみ世帯、高齢者の一人暮らしが年々増えており、その暮らしぶりの厳しさがデータから見えてくるからです。

令和元年六月時点で日本の総世帯数は約五一七九万世帯ですが、高齢者の一人暮らしが七三七万世帯、夫婦のみが六九四万世帯で、これを合わせて一四三一万世帯が「高齢者のみ世帯」で、全世帯の約二八％となっています。日本の世帯の四世帯に一世帯が「高齢者だけで暮らしている」状況にあるということです。

人口では、六五歳以上の人口は約三七六三万人。そのうち単身で暮らしている高齢者が七三

65歳以上の一人暮らしの者の動向

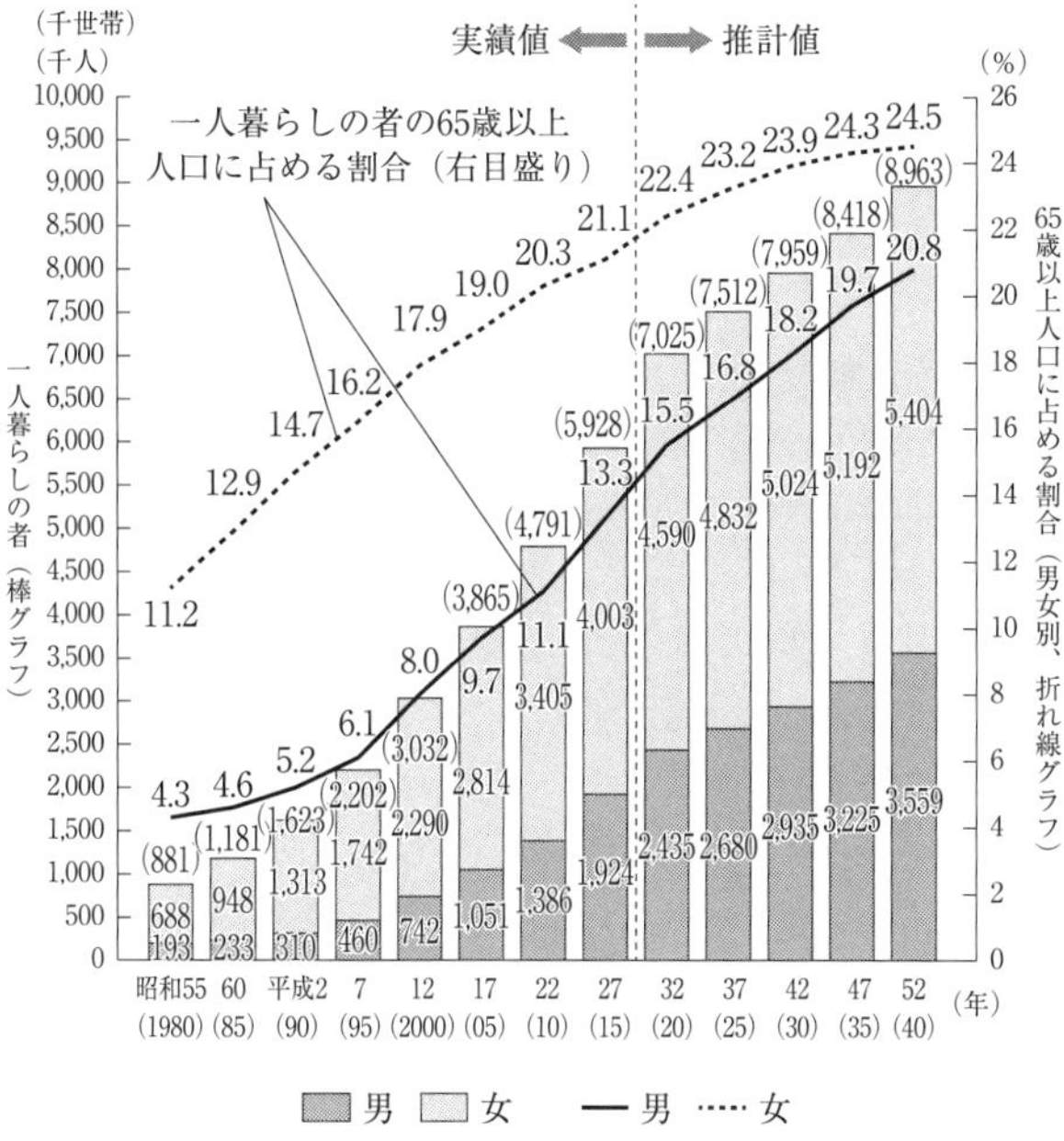

資料：平成27年までは総務省「国勢調査」による人数、平成32年以降は国立社会保障・人口問題研究所「日本の世帯数の将来推計（全国推計）2018（平成30）年推計)」による世帯数

注1：「一人暮らし」とは、上記の調査・推計における「単独世帯」又は「一般世帯（1人）」のことを指す。

注2：棒グラフ上の（　　）内は65歳以上の一人暮らしの者の男女計

注3：四捨五入のため合計は必ずしも一致しない。

七万人、夫婦だけで暮らしている高齢者は一五二一万人で、合わせて二二五八万人。したがって高齢者の約六割が「高齢者だけで暮らしている」ということになります。

そして、一人暮らし高齢者はグラフにある通り、これから割合も人数も増えていきます。

一人暮らしになると、生活のリズムを失ったり活動意欲が低下したりして、身体機能の衰えや認知症の進行が心配されます。また、事故や急病時の放置やそれに伴う孤独死の心配が増し、また詐欺や消費者契約のトラブルなども起こりやすくなるでしょう。地震や災害があったときに大丈夫かという問題もあるでしょう。しかし、子どもが帰ってくるわけでもないし、夫婦が一緒に亡くなるわけではありませんから、高齢期に一人暮らしになる可能性は誰にでもあります。いや、一人暮らしになるという前提で、高齢期を考えておいたほうがいいでしょう。そして、そうなっても安心な環境を確保すること、そうなっても幸福感をしっかり感じられるようにすることが大切だと思います。

施設には、容易に入れなくなる

「いざとなったら、施設にお世話になるから」とサラリとおっしゃるお年寄りは少なくありません。

前述のように、施設というのは家（自宅）とは言いがたい面がありますし、家のようでも施設化してしまったりしているのが現状です。

また私はいつも、**「そんなに簡単に入れませんよ」**とお返しします。施設には公金が入っていますから、そこに多くの高齢者が入れば入るほど国や地方の財政を圧迫します。さらに、施設の運営者が入所者が必要としている以上のサービスをしてしまう仕組みになっていますので（運営者はサービスをすればするほど収益が上がるわけなので）、余計にそうなります。それは行政としては困りますから、入所する基準を厳しくしていきます。そうなると、要介護1や2くらいでは施設は受け入れてくれません。

国の大きな方針は「在宅」です。老人介護施設の新設を継続し、そこでの過剰なサービスを容認し続けるほどの余裕はないからです。「施設には簡単に入れません、家にいてください。そのかわり、家にいても医療・看護・介護などのサービスを受けられるようにします」ということであり、これが地域包括ケアシステムの意味です。

したがって、**これから考えるべきは、どのようにしてずっと自宅にい続けるかという問題です。事故や病気のリスクを考慮した上で、自宅においてどのように幸福長寿を実現するか。**それが、高齢期に問われているわけです。

そもそも、要介護状態になる可能性を高く見積もり過ぎている人が多いように感じます。要介護認定率は、介護保険の第一号被保険者（六五歳以上の人）のうち、要支援や要介護の認定を受けた人の割合ですが、二〇一八年一月現在、表の通りとなっています。

	要支援	要介護1～2	要介護3～5
65～74歳	1.4%	1.6%	1.4%
75～84歳	6.4%	7.0%	5.3%
85歳以上	13.9%	22.6%	23.0%

介護保険事業状況報告（令和2年11月分）から筆者作成

　これを見れば、八〇歳代前半まで、ほとんどの人は介護のことなど気にしなくてよいということになります。八〇歳代後半になってようやく、二三％が要介護３～５になり介護サービスが日常的に必要になってくるというのが実態です。

　これを見れば、「いつかは要介護状態になるけど、施設には入れなくなる」というのではなく、「要介護になる率は低いから、自宅でいつまでも楽しめるように暮らそう」あるいは「可能性は低いけれども、要介護状態にならないように、自宅で元気を維持しよう」と考えるほうが普通です。「要介護」を前提とするのではなく、「元気」を前提として、自宅で楽しく暮らすほうが現実的ですし、前向きだということです。

集まって暮らすケース：ＣＣＲＣ

では、集まって暮らす例を紹介しましょう。まずは、アメリカで広がった「ＣＣＲＣ」（Continuing Care Retirement Community）です。

高齢者が現役を退いたあと、元気なうちに入居し、介護が必要になっても継続的にケアが受けられるコミュニティで、全米では約二千カ所におおよそ七十五万人が暮らしていると言われます。規模は大小様々ですが、平均すると三五〇～四〇〇人くらいが集まって暮らしていることになります。

アメリカのＣＣＲＣには、フィットネスクラブ・テニスコート・ゴルフ場・音楽スタジオ・ビリヤードなどの楽しむ場が提供されており、また近隣の大学での講義が受講できたりするほか、店舗を運営したり、先生となって地域の子どもや若者に現役時代に培った技術を教えたりと、高齢期をエンジョイする機会がたくさんあるのが特徴です。これには、日本と違ってアメリカは公的な医療保険・介護保険制度が整っていないために、ＣＣＲＣ内に要介護者が増えれば事業者の負担が増えてしまうという背景があります。**日本の高齢者施設のように、介護保険からの報酬に依存したビジネスではないので、要介護にならない、させないことに重きが置かれているわけです。**目的は別にして、場やコンテンツの豊富さが入居を検討する人たちへのＣＣＲＣの大きな魅力になっていることは学ぶべきポイントです。介護報酬をあてにしている事業者が、果たして、高齢者にとって魅力的な街や住まいを作れるのかどうかという問いです。

また日本では、「まち・ひと・しごと創生総合戦略」（二〇一四年）で「日本版ＣＣＲＣ」が検討され、そこでは「東京圏をはじめとする地域の高齢者が、希望に応じて地方やまちなかに移り住み、多世代と交流しながら健康でアクティブな生活を送り、必要に応じて医療・介護を受けることができるような地域づくり」と定義されました。これによって、ＣＣＲＣが「地方移住」の一手段のように印象づけられた面は否めません。実際に地方から反発の声も出ました。しかし、本来ＣＣＲＣは、**カラダの安心（介護を含めた健康サポート）、オカネの安心（生活面や介護の際のコスト）、ココロの安心（居住者のつながりや生きがい）という三つの安心を提供するもの**とされており、地方移住とは関係がありません。残念ながら、このような理念とかけ離れた印象を与えてしまったことでＣＣＲＣへの曲解が広がってしまったように思います。

もちろん、アメリカのような広大な土地を確保できるかという具体的な問題もあります。また、定年退職という制度も概念もないアメリカでは高齢期の暮らしを早くに検討しはじめるのに対して、日本ではとりあえず定年が来てから考えるといった違いもあるでしょう。日本人は、代々住んでいた家から離れがたいという感情を持ちがちで（実際には、そんなに長い期間ではないのでしょうが……）、住み替えに抵抗があるといった事情もあるかもしれません。そんなわけで、日本的なＣＣＲＣはまだまったく形も見えていないような状況にあります。

集まって暮らすケース：日本での事例

だからでしょうか、ＣＣＲＣのように集まって住まなくても、日常的、定期的に集まることによって高齢者に活き活きと暮らしてもらえるようにしようという試みが全国にたくさん出てきました。多世代が賃貸住宅に一緒に住み、世代に応じた役割を担い、相互扶助によってコミュニティを運営しようとしている例。高齢者が集まって作ったものを都会へインターネットで販売し、その収益を貢献度に応じて分配する仕組みで注目されている例もあります。多世代が集まって食事やイベントをともに楽しむような場づくりは、各地で行われています。いくつか、紹介しましょう。

1　「はっぴーの家ろっけん」

「はっぴーの家ろっけん」は、兵庫県神戸市長田区の六間道商店街の一角にある多世代型介護付きシェアハウスです。四〇以上の居室があり、要支援から要介護5の高齢者、認知症のある人も多く入居しています。介護が必要な人に対しては、一人一人に合わせたプランを作成し、それに沿って介護士や看護師が部屋を訪れてサポート。一階にはフリースペースがあり、入居者が食事をしたり、会話を楽しんだりするだけではなく、近所に住む女性が小さな子どもを預けて買い物に出たり、学校帰りの子どもたちが遊びにやって来たりと、職種や年齢、国籍などが異なる人々が頻繁に出入りしています。各所からの視察も含め、その数は一週間で約二〇〇人にのぼるそうです。運営会社の代表自身も、家族とともに同シェアハウスに暮らしています。地域ぐるみで大家族の暮らしを実現するために、「遠くのシンセキより近くのタニン」をコンセプトに事業を展開されています。

2 「Share（シェア）金沢」

石川県金沢市若松町にある「Share（シェア）金沢」は、約三万六千㎡の広い敷地内にサービス付き高齢者向け住宅や障害児の入所施設、学生向け住宅などの居住施設があり、約八〇人が暮らしています。また、天然温泉やカフェバー、マッサージサロンなどの店舗が並ぶほか、ドッグランや農園などもあり、ひとつの地域を形成しています。

社会福祉法人佛子園が運営し、コンセプトは「高齢者も、子どもも、障害のある人もない人も〝ごちゃまぜ〟で楽しく暮らせる街」。入居者がそれぞれの能力をシェアしている点も特徴で、高齢者が植木の剪定や共同売店の店番をしたり、学生がボランティアとして障害を持つ子どものお世話をしたり、障害のある人がクリーニング店等で働いたりしています。学生は月三〇時間以上のボランティアをすれば、低額の家賃で入居できる仕組みです。

佛子園は現理事長・雄谷良成さんの祖父が戦災孤児や障害児を引き取り一九六〇年に創設し

たもので、「Share 金沢」には障害を持つ子どもたちと兄弟のように過ごした雄谷さん自身のごちゃまぜ環境が影響しているそう。その後、佛子園本部を中心とした「B's 行善寺」や輪島市と取り組む「輪島ＫＡＢＵＬＥＴ」など、ごちゃまぜの街づくりを展開されています。

3　「東灘こどもカフェ」

居住施設ではありませんが、もう一つ高齢者自らが拠点づくりを行った事例を紹介します。兵庫県神戸市東灘区の甲南本通商店街のそばにある「東灘こどもカフェ」は、「共立（ともだち）まちなかリビング」を合言葉に、一年三六三日オープンしているコミュニティスペースです。昼食を用意しているほか、テレビやおもちゃ、絵本などを揃え、子どもから高齢者まで年齢関係なくいつでも誰でも立ち寄れる〝居場所〟を運営されています。囲碁や英語、書道、料理など、得意な人が講師となって教え合うイベントを毎日のように開催しており、シニア世代の社会参加と子育て支援を結びつける役割を果たしています。

代表の中村保佑さんは、二〇年におよぶ東京での単身赴任生活を終えて戻った地域に居場所がないと感じ、地域活動を通じて出会った十一人の仲間と「東灘こどもカフェ」を立ち上げました。現在は八〇〇人を超える住民が会員となり、親子で立ち寄れるコミュニティスペース「ほっとステーション」、困りごとを手伝う有償ボランティア「一般社団法人東灘なんでもお手伝いセンター」など活動の幅を広げています。

　これらはいずれも評価されるべきものですが、**問題はいずれもリーダーシップ（主宰者）への依存が大きく、その点で持続性に乏しいこと**です。高齢者の介護予防を目的とした取り組みは行政が主導するものが多く、民間の取り組みにしても問題意識が高くて行動力のあるリーダーによって開始・継続されているために、リーダーを失くしたときにそれが持続できるかどうか不安を覚えます。参加している高齢者の意識がただ楽しいから、ヒマだから、誘われたから……という程度なら、先行きは厳しいと言わざるを得ません。それは、マンションのように同じ場所に住んでいたとしても、隣組のような少し広い近隣エリアであっても、街というもっと大きな単位であっても、誰かのリーダーシップに依存するのではなく、自然に動いていく仕組みとなっていなければ同じことです。

　また、「高齢者福祉の三原則」（①生活の継続性、②自己決定の尊重、③残存能力の活用）や、ここで紹介した「カラダの安心（介護を含めた健康サポート）」「オカネの安心（生活面や介護の際のコスト）」「ココロの安心（居住者のつながりや生きがい）」というＣＣＲＣの三つの安心という観点から見ても、日本各地で行われている試みは、一地域で行われている単体の努力という以上の評価は難しいものがあります。

4　「中楽坊」に見る、高齢期の幸せ

中楽坊とは？

「集まって得られる価値」に焦点を当て、高齢者に新しい暮らし方を提案している例を、一つ挙げたいと思います。「中楽坊」（ちゅうらくぼう）という高齢者向けの分譲マンションですが、この高齢者住宅はまず、「高齢者福祉の三原則」（①生活の継続性、②自己決定の尊重、③残存能力の活用）を踏まえており、また、特定のリーダーシップにも依存しておらず、かつ「カラダの安心（介護を含めた健康サポート）」「オカネの安心（生活面や介護の際のコスト）」「ココロの安心（居住者のつながりや生きがい）」が、かなりのレベルで実現しています。

この「中楽坊」のポイントを、私なりに三つ挙げておきたいと思います。

一つ目は、**「分譲マンション」（入居者が所有者）であるので、そこで暮らす高齢者たちに強い当事者意識や主体性が感じられること**です。高齢者施設やサ高住では、建物の所有者・運営側が様々なルールを決め、それに従って暮らさなければなりません（当然ですが）。したがって、そこに入っている人たちに当事者意識は生まれませんし、主体性は感じられません。ところが、この「中楽坊」では自分たちで話し合ってルールを決め、様々なケースに対して主体的

に向き合って解決されていっています。自分たちのマンションであり、自分たちのコミュニティであり、それをいつまでも良い状態に保ち続けようという意思がしっかりと感じられるのです。大浴場やレストラン、娯楽室といった共用施設がありますが、これらを自分たち全員で保有（シェア）しているという意識があります。私物化するような人はおらず、共有財産として皆で大切に利用しておられるのには、とても感心させられます。

二つ目は**「ライフ・アテンダント」という生活支援員の存在、ありよう**です。生活支援員というと介護職や、身の回りのことを何でもして差し上げる〝コンシェルジュ〟のような仕事を連想してしまいますが、まったく違います。アテンダントは「導く」という意味合いで、**入居者が必要とする場に導く、人と人を結びつけるという役割を担っています。**「何でもして差し上げる」のとはまったく違います。目指すのは、**「近くにいる娘や息子」のような存在**だと言います。娘や息子のように、親のことを本当に想っているなら「自分のことは自分で」と言うはず。自分でやれることまでやってしまったら、親が早く衰えてしまうし、親の沽券にも関わる。そう考えてのサービス姿勢であるそうです。「心から入居者のことを想っている人ならどうするか？」という問いに、常に向き合っているのでしょう。

自室にキッチンなどもあり、普通の自立生活が可能になっていること（生活の継続性）も含めて、右の二点は、「高齢者福祉の三原則」を踏まえたものだと考えられます。

三つ目は、カラダ、オカネ、ココロの三つの安心をかなえられるモデルです。健康維持のための運動支援やサークル活動、体調急変など緊急時の対応、面倒な作業の手伝い、マンション内コミュニティの活性化や入居者個別の状況把握などについては、「ライフ・アテンダント」が複数名、二四時間常駐して担当しています。そうすると人件費がとても高くつくのではないかと思われるでしょうが、一〇〇戸以上の世帯で按分すればそれほど高くはなりません。**カラダとココロの安心が、入居世帯のシェアによってリーズナブルかつ定額で享受できる**わけで、とてもよく考えられた仕組みと言えます。

ちなみに、「中楽坊」というネーミングに興味を持った読者のために説明しておきましょう（私もまっさきに、名前の意味を質問してしまいましたので）。中楽には「人々の中にいる楽しさ（孤独ではない）」と「中ほどの楽しさ（丁度よい、しみじみとした楽しさ）」の、二つの意味があるそうです。もちろん、「中楽」は造語です。「坊」は人々が住む一画の意。もともとは中国の都市で、外敵から守るために塀で囲まれた町づくりがなされ、それを「坊」と呼んだそうですが、それが平城京や平安京の都市計画に取り入れられ、十字に走る路に囲まれた一画を「坊」、いつしかその中にある寺を「坊」と言うようになったようです（「坊主」はその名残り）。防災・防犯・防寒に加え、コロナなどの疫病などからも守られている安心を提供するという意味を込めているそうです。要するに「中楽坊」とは、外から守られた状態で、孤独でなく、人々が集まって丁度よい楽しみを味わいながら暮らせる場所という意味です。

私は、高齢者研究の中で数年にわたってこの中楽坊を調査・取材してきました。

そして、現場にいるライフ・アテンダントの方々にはたくさんの実話をお聞きしました。次にそれらをご紹介し、皆さんにもこのような高齢者住宅の形態や実際をイメージしていただきたいと思います。そして、「中楽坊」が持つ思想、その底流に流れている考え方を入居者が深く理解し、いかにそれに共鳴するように生きておられるかを見てもらいましょう（聞き手は私、回答はライフ・アテンダントの方です）。

「中楽坊」のエピソード

①「自由」だけど、「自分勝手」ではない

――今回のコロナ禍では、外出の自粛などがあって、入居者も運動不足になったりストレスがたまったりしているのではないかと思いますが、どうでしょうか？

中楽坊の全ての物件で、コロナに感染した人は一人も出ていない（2021年6月時点）のですが、それでも、サークル活動や数十人が集まってやっていた「百歳体操」が中止になりま

したから、運動不足だと言う人は多くいました。

それで、どうにか運動不足を解消しようと、入居者と私たちでいろいろ考えまして……。館内放送を使って「ラジオ体操」の曲を流して、皆で集まらないように、自室の玄関前に出て体操をしてもらいました。週二回やっています。

それと、ウォークラリーが企画されました。これは、入居者の方々の発案です。マンション周辺等にウォーキングコースを八つ設定しまして、それらを全て制覇したらお菓子がもらえるという。子どもの頃に、毎朝ラジオ体操に出たらスタンプを押してもらえて、最後にお菓子とかジュースとかがもらえるというのがありましたでしょ。あれと同じです。

参加者は、八〇名近くになっています。参加者にはカードが配られていて、一つのコースを歩いたら、私たちのいるサポートステーションに来ていただいて、スタンプを一つ押します。

――面白いですね。それは、みんなで一緒に楽しめますね。

今回だけではなくって、中楽坊では「仲間と一緒に楽しむ」のが日常の風景です。

ウォークラリーも突然、出てきた企画ではないのでしょうね。二～三組のご夫婦がノルディックウォーキングというんですか……、二本のポールを持って、一緒に二㎞くらいのコースをいつも歩いておられます。そういう日常があるから、出てきた企画だと思います。一緒に、お出かけされる方も多いです。

――どちらに？

例えば、近くに新しいお店ができたら、皆で連れ立って行くとか。

例えば、新しくオープンしたうどん屋さんに行って、その帰りにサポートステーションに立ち寄って「○○は美味しかったけど、○○はちょっとなーー」とか教えてくれるんですね。いわゆる、食レポです。

パン屋さんができたときも、さっそく出かけて、私たちにパンを買ってきてくれました。

――近くのお店に出かけるのは、手軽でいいですね。

いえいえ、近い所だけではありません。電車に乗ってスーパー銭湯に行く人もいますし、女性陣はホテルランチに出かけたり。スポーツクラブやテニスに、一緒に出かけていく人たちもいます。皆さん、出かけるのが億劫ではないんですよね。お若いです。

――旅行なんかにも？

もちろん。つい先日も、七人ほどで近くの漁港の朝市に出かけておられましたね。ゴルフ旅行に行く方もいます。旅行から帰ってこられた時は「ただいまー」って、サポートステーションにお土産を持って来られたりするので、私たちは「どちらに行って来られたんですか?」って聞くんですが、ゴルフに行った人は日焼けしているので聞かなくても分かりますけどね(笑)。

――仲間で、お酒を飲みに出かけるようなことは?

そうですね、女性同士で近所のたこ焼き屋さんでビールとか。それから、男性たちはいわゆる「スナック」というか、カラオケを歌いに出かけている方もいます。

――出かけなくても、館内のカラオケルームを使えばいいんじゃないですか?

ありますけど、カラオケルームは練習じゃないのかしら。カラオケルームで練習して、外で披露しているんではないかと思っているんですけど、どうなんでしょうね(笑)。

――一方で、あまり外には出かけない人もおられますよね。

それはそうです。ライブラリーで一人、新聞や本を読んでいるのが好きな人もいますし、それぞれが、思うままに自由に暮らしておられますから。

でもね、それぞれ「自由」にやっているんですけど、「自分勝手」ではないんですよ。皆に目配りして、お互いに気を回している。マンションのすぐ目の前に、喫茶店があるんですよ。その店にいつも行っている人たちがいるんですが、この前、その人たちが、あまり外に出たがらない人を「たまには一緒にどう？」って、誘っておられたんですね。

つまり、仲良しグループが固まって、自分たちだけで楽しんでいるんではない。それぞれが気ままにやっているようでいながら、一人一人を見て、コミュニティ全体のことを考えた行動をされる。そういう姿勢は、ほんとに素晴らしいと思いますね。

②「人生の最後まで自立し、家で終わりを迎える」を、実現したご夫婦

――「中楽坊」は、人生の最後まで自立して暮らすために、という購入動機の方が多いと聞きます。それで想い出される方は？

たくさんおられるのですが……、真っ先に思い出すのは八〇歳代の後半のご夫婦です。お子様はおられませんでした。ご主人が末期ガンで入退院を繰り返しておられる状態で、ご主人自身も奥様も、病院ではなく自宅で最期を迎えたいということで、中楽坊に入居してこられました。

——施設にも入れたと思うし、そのほうが奥様も楽なのでは？

そういう考え方もあるでしょうね。でも、このご夫婦は違うんですよ。老人向けの施設はイヤ、病院もイヤ。最後まで自立して暮らすことを、もっとも大切にしておられるんですね。だから、食事も自炊。もちろん、レストランを利用されるときもありましたけど、基本的には自分で食事の準備をする。できることは、自分でやろうとしておられました。ほんとに立派な方だな、といつも感心していました。

——奥様も大変だったでしょうね。

そうですね。サポートステーションでよく話をしましたが、介護疲れが見えることもありましたし、「大変」「孤独」といった言葉を口にされていました。

——そういう方には、ライフ・アテンダントとしてどのような対応を？

私たちが介護をするわけではありませんし、日常的に何か具体的な手伝いをするわけでもありません。

奥様の状況や心情をしっかりと理解し、寄り添う。観察し、洞察し、その気持ちをおもんばかり、お声がけし、対話をする。もちろん、何かお困りがあればいろいろとお手伝いなどはしますが、基本的にはそういうことです。でも、「あなた方の声がけが嬉しいわ」「スタッフの方々が支えよ」と言ってくださっていました。

――その後、ご主人は？

当初のご希望通り、自宅で息を引き取られました。眠るように亡くなったそうです。「最後まで自立して暮らす」「家で終わりを迎える」を見事に実現されたということですね。私たちも手を合わせる機会をもらいましたが、そのときには、「大変だったけど、皆さんのおかげでここまで頑張れました。ここに住めてよかった。ありがとう」と言っていただきました。

聞きましたら、私たちだけではなく、購入時に担当していたライフアドバイザー（営業担当者）も、心配でたまに電話などをしていたようです。その後、通夜と葬儀の日時などを掲示板に貼りました。マンション内に友達や知り合いも多くいらっしゃったので、参列された方も多かったですね。こんなことは、いわゆる「施設」にはあり得ないでしょう。

――通常、誰からが亡くなったときは掲示板で告知するのですか？

もちろん、望まない人は掲示しません。ただ、ここには一つのコミュニティができ上がっていますから、あまり隠しごとがないんですよね。昔、町内会とかがあって、誰かが亡くなったりしたら通夜や葬儀の日時が貼られたりしていたでしょう？　ああいう感じですよね。それと、自分たちは歳をとっているのだから、いつどんなことが誰に起こってもおかしくない、だからこそ皆で助け合い、見守り合っていきましょうよ、という空気があるんですね。死は誰にでも起こりうる。そんなときには皆で手を合わせ、慰め合い、励まし合う。それが当然という考え方が、自然にここにはできているんです。

③いいコミュニティは、高齢者に自信と勇気を与える

――今回は、六〇歳代半ばの単身女性のエピソードを聞かせてくださるそうですね。

長年お勤めになった会社を定年退職されたあと、単身ならではの老後不安を解消するために、中楽坊に入居された方です。

――入居者の中では、お若いですよね。

そうですね。でも、六〇歳代で入居される方はおられますよ。何かあってからでは遅いということで、早めに決断される方です。それに、八〇歳代の親御さんとその子どもさんが一緒に住まれるというケースもありますから、六〇歳代がそんなに珍しいというわけではありません。そもそも、中楽坊は長い高齢期を楽しむための場ですから、若いうちに入られるのがお勧めで

すね。「介護施設」ではありませんから。

――なるほど。で、その方は入居してからどんな暮らしを？

入居されてすぐだったように記憶していますが、お母さんを亡くされまして。それで余計に寂しかったと思うのですが、しょっちゅうサポートステーションに来られて、私たちと話をしておられました。孤独を避けるように、あまり自室にはおられず、ロビーや待ち合いスペースで過ごしていましたね。

もともと、社交的という印象はない人で、他の入居者と積極的に関わろうという姿勢もなくて、なかなか馴染めなかったようです。サークル活動にもちょっとは参加したりするようになられましたけど、知り合いはそんなに多くはなかったです。それで、入居して二年ほどたった頃ですか。体調を崩されて、二週間の入院になってしまったんです。このマンションから近いところですけど。

――単身ですから、不安だったでしょうね。無事、退院されたんですよね。

もちろん。退院してこられたあと、私にこんな話をしてくれました。「入院していたときは、ほんとに寂しかった。孤独を感じました。夜、病床から〝中楽坊〟の灯りが見えるの。みんなあそこで、暮らしてるんだなあと思って……。入居者の人たちの顔、スタッフの皆さんの顔が浮かびました。毎日、そんなことを思っていて、すっかりホームシックになりました」

「退院してここに帰ってきたとき、エントランスで入居者の方やスタッフの方から〝お帰りなさい〟って声をかけてもらって。本当にうれしかった。ここが居場所だって思いました」

――馴染んでいないように見えたけど、この高齢者向けマンションに対する愛着はあったんですね。

マンションというより、人がいる環境に対する愛着でしょうか。退院してから、その方は変わりました。

――どんなふうに変わったんですか？

人との関わり方ですね。入居者は年上の方が多いわけですけど、親子のような感じというか、あまり他人と距離を置かなくなって、よく交流されるようになりました。入院していた二週間で感じた孤独、中楽坊の人たちに対する愛着が、彼女を変えたように思います。

八〇歳代のある女性とは特に仲良くなって、今はその方のことを「お母さん」って呼んでますよ。待ち合わせして、一緒に大浴場に行っておられるくらい仲良しです。あるサークルにも参加しておられて、その分野はまったくの初心者で、メンバーのうち女性はその人だけなんですが、熱心に活動されています。伺うと、今はそれが生きがいになっているということでした。「このマンションに来て、自信ができた」とも言っておられましたね。いいコミュニティというのは、人に自信とか勇気とか、そういうものを与えるように思います。

——中楽坊のコミュニティの特長について、どう感じますか？

皆が同じようなスタンスで参加して、同じように考えて同じように行動する、というのはいいコミュニティとは言えないと思うんですよね。そういう同質性の高いコミュニティというのはかえって、馴染めない人や孤立者を出してしまう。そうではなくて、色んなグループがコミュニティの中に混在していて、それぞれが個性的でバラバラに共存しているような状態が望ましいと思います。

そういうコミュニティなら、個人として「こちらがダメでもあちらならOK」と考えることができる。自分の居場所はどこかにあると思える。中楽坊を含めて、いいコミュニティには、バラバラな個人を受け入れる度量や幅があるのではないでしょうか。

④遺体搬送車に、エントランスで皆で手を合わせた日

——あるご夫婦が想い出に残っていると聞きました。

当時、ご主人が八〇歳、奥様は七七歳のご夫婦でした。奥様が難病になられて、ご主人もそれまでの自宅では世話や通院が大変だということで、シニア向け分譲マンションを選んで、「中楽坊」に越してこられたんですね。入居されたときはそんなに悪い状態ではなくって、ラウンジやレストランで友達と楽しく会話をされたり、一緒に散歩に出かけてたり、お元気にしておられました。でも、一年くらいしてでしょうか。だんだんと調子が悪くなって……。

——どんな状態だったんですか？

嚥下力が低下してきたようで、それまでのように食べるのが難しくなったと言っておられました。会話していても、ちょっと言葉が出にくいようでしたし、表情も少し硬くなったような感じを受けました。もともと活動的な方で、ずっと接客のお仕事をしておられたそうで、お仕事好きで、お話し好き。とても笑顔の素敵な方。だから、病気のことは「悔しいわー」と言っておられたし、このシニア向け分譲マンションに入居している元気な仲間を見て「うらやましいなあ」と。

——そんなプライベートなことまで、会話をするんですか？

この方に限らず、私たちがサポートステーションにいると、声をかけてくれるんですよね。「今日、病院に行ったら……だった」とか「〜〜から旅行で家を空ける」とか、色んな話を毎日。そこから雑談も始まるでしょ。自然に入居者のことを知るようになります。もちろん、報告してくださいとは言ってないんですよ。私たちだけではなくって、入居者同士もそんな情報交換を日常的にしているので、お互いに詳しいです。

——なぜ、そういう会話が生まれると思います？

私たちから言えば、それぞれのことを知っているから、その後どうなったか訊きたくなりますよね。入居者の方も、自分のことを知っている人には「報告でもしておこうかな」という気持ちになるでしょうし、しゃべることでホッとされる面もあるかもしれません。そんな好循環でしょうか。入居者同士も、あまり隠しごとがないですよ。だから、誰かが入院したとなったら友達はお見舞いに行ったりしています。

——なるほど。話を戻しますが、その奥様のその後は？

しばらくは、中楽坊で暮らしていらっしゃいましたけど、徐々に病状が悪化して入院。それから数カ月、入退院を繰り返しておられましたけど、残念ながら亡くなられて。お亡くなりになってすぐ、ご主人から電話があったんです。

「妻は、このシニア向け分譲マンション・中楽坊をとても気に入っていました。二年半ほどだったけど、ここの暮らしは楽しかったと言っていました。だから、病院から葬儀場へ運ぶ搬送車でマンションの前の道を通って、最後に妻に見せてやりたいんだが、いいだろうか？」

そういう話でした。

——何と答えたんですか？

前の道から見るだけ？と思いました。それで、「どうぞ、遠慮されず中まで入ってきてください。マンションのエントランスまで来てください。お別れしたい人もいますから」と言いました。

——マンションですから、嫌がる人や反対される人がいるとか考えませんでしたか？

いいえ、まったく迷いはなかったです。中楽坊は、そんなコミュニティではありませんから。

——で、エントランスまで？

はい。マンションのエントランスまで搬送車が来ました。後ろの扉を開けていただいて、手を合わせました。仲の良かった入居者の方々や、私たち職員を含めて十数人でお見送りしました。ご主人も喜んでおられたと思います。

――ご主人のその後は？　奥様を亡くされると男性はガクっとくるというケースも多いですが。

八四歳になっておられますが、お元気ですね。お友達とレストランでよく会話をされてます。普通、配偶者を亡くされた単身男性は孤独になりがちですけれど、ここでは仲間同士で助け合う、見守り合うという意識が高いんです。奥様が亡くなってしまって、自分では家事もできないし友達もいない、周囲に助けてくれたり見守ってくれる人もいないというケースだと、確かにガクっとくるというのも分かりますが、中楽坊はそうならないように工夫された環境ですし、いいコミュニティもありますから。これからも、こんなコミュニティが続くように頑張りたいと思っています。

幸せは伝染する

中楽坊には確かに高齢期の生活を支えるハードやソフトサービスやその費用など、よくできた仕組みがあります。しかしながら、その仕組みだけが、ここで紹介した入居者たちの幸福な姿の要因になっているとはまったく思えませんでした（仕組みだけなら、他の高齢者住宅でもすぐに真似ることができるはずです）。

まずは、そのネーミングに込められた「思想」が前提にあり、入居者はそれに共感、納得して暮らしている。**このコミュニティには、中楽坊の思想のもとに集まった人たちの、緩く自由なつながりや団結が感じられます。**そんなコミュニティに属している感覚が、幸福な気分を生み、互いに作用しあい伝播していっているのではないか。そんな印象を持ちます。

このマンションを取材していて、私は先述の「幸福は伝染する」（１６１ページ）「幸福の四因子（１６２ページ）」を思い出します。幸福長寿の方程式が、まさにここにあるのではないかと思うわけです。

厚生労働省の「２０１５年の高齢者介護」（二〇〇三年）という論文に、次のような記述があります。

「通常、私たちは自宅で生活をしている。自宅とは、私たち自身が主人公である世界である。自宅であれば、介護が必要になった時でも、人は、自分自身で立てたスケジュールに沿って日常生活を営むことができる。朝何時に起きるかは自分の自由であるし、食事を摂るか摂らないか、何を食べるかも自分自身で決めることができる。（手助けさえあれば）買い物に出かけることもできる。家族や友人たちとおしゃべりをし、夜更かしすることもできる。自宅の良さとは、介護が必要になった時でも、介護のために自分の生活や自由を犠牲にすることなく、自分らしい生活を続けることができる点にある。日常生活における自由な自己決定の積み重ねこそが『尊厳ある生活』の基本であり、在宅での生活であれば当たり前のことである。だからこそ、多くの人は自宅での生活・在宅での介護を望むのである。」

そして、「住まい」について次の二つをポイントとして挙げています。

1　要介護者の生活に適さない家屋など、「住まい」は自宅での生活の継続を困難にする要因の一つ。

2　自宅での生活を継続するため、介護ニーズにも対応した、高齢者が安心して住める「住まい」への住み替えという選択肢を提示することは重要な課題。

引用が長くなりましたが、要するに一八年も前に国は、超高齢社会が到来して高齢者が非常に増えること。また、高齢者が「自宅」で尊厳を保って暮らすことを望んでいるのが分かっていた。ところが、その「自宅」は（若い頃の身体とは違うので）高齢期には適さないものであるから、高齢者に対して早めの住み替えを提示することが重要な課題だと認識していたわけです。これは、極めてまっとうな認識だと言えます。

それなのに、実際にやったことは目の前で増えている要介護者を収容する「施設」づくりであり、「施設」のようになってしまった（少なくない専門家は、当初からそうなることを予想していましたが）、サ高住に補助金を注ぎ込むことでした。健常高齢者の自立と尊厳を保てる住み替え先としての「自宅」の整備には、ほとんど目もくれなかったと言ってよいでしょう。

その結果として、「施設」には入りたくない人や入れない元気な人（＝要介護者ではない大半の高齢者）が、現役時代の「自宅」に不便や不安を感じているのに、住み替える先がないという状況が生まれてしまいました。

中楽坊とは、このような多くの高齢者の状況を踏まえた、自立と尊厳を保てる住み替え先と位置付けることができるでしょう。先述の厚生労働省が発表したものが、そのまま当てはまるからです。さらに言えば、自立と尊厳だけでなく、幸福をそのコミュニティ内で伝播させているのは厚生労働省のイメージを超えていると言ってもいいでしょう。行政から出されたお金（建設に関わる補助金や介護報酬）によって賄われている「施設」ではなく、自力で「自宅」を提供しているほうが行政の理想にかなった形になっているのは、何とも皮肉としか言いようがありません。

もっとも、中楽坊も万全、完璧というわけではありません。入居者が歳をとれば、今よりも身体は衰えますし、配偶者が亡くなって一人暮らしになる方も増えるでしょう。そうなると、今と同じサービスや仕組みのままでよいのかどうかは分かりません。また、亡くなった入居者の自宅が相続後に売りに出され、新しい入居者が入ってきます。その方に中楽坊の思想をしっかり理解してもらわなければ、良質なコミュニティを維持し続けられないでしょう。さらに「高齢者」といっても、今の五〇歳代が十数年後になる「高齢者」ではまたそのニーズは違うでしょうし、社会環境も変わっているはずです。中楽坊はこのような課題とどのように向き合い、解決していくのか。その過程をワクワクしながら見ていきたいと思います。

終　章　幸福な高齢期に向かって

「老後の初心、忘るべからず」

「初心、忘るべからず」。世阿弥の『花鏡（かきょう）』にある、あまりに有名な言葉です。そして「是非の初心忘るべからず。時々の初心忘るべからず。老後の初心忘るべからず」と、初心には三つあると言っています。

「是非の初心」とは、成功と失敗を繰り返した若い頃の熱意や、そのときの自分のレベルを忘れてはならないという意味です。現在の気持ちやレベルを客観的に把握するためにも、上手くなってきた過程の総括が重要だと述べています。

「時々の初心」は、人生の節目節目において初心を持つことを忘れてはならないという意味。社会に出たとき、結婚したとき、子どもができたとき、会社で要職についたとき。そんな節目でそれぞれに期するものを持つことが大切だというわけです。

「老後の初心」は、歳をとったからもうイイやと思うのではなく、いくつになっても初めて遭

遇する局面があるのだから、それに対して新たな気持ちで向き合わねばならない。また、歳を重ねて腕を上げ、周りから褒めそやされるようになっても、慢心せず、さらに自分を磨き続けなければならないという意味でもあります。

「初心、忘るべからず」は、若い人にだけ贈るメッセージではなく、高齢期というとても大きな節目を迎えた人も心しなければならない言葉であることが分かります。世阿弥は「住する所なきを、まず花と知るべし」（一つのところにとどまるのではなく、変化し続けることによって人は輝けるのだ）とも言っていて、これをあわせて考えると、「初心」というのは、非連続を表しているのだろうと思います。

従前から慣れ親しんだ場で、従来の延長線上の思考や行動を続けるのではなく、これまでに区切りをつけ、考え方を切り替えて新しい場で自分を変化させようとすることです。もちろん、世阿弥は基本的に、能という芸事のことを指して言っているのであって、生活の全てについて何から何まで変えてしまおうといった解釈は行き過ぎです。だとしても、「もう年だから……」といった諦めや、これまでの実績を笠に着た態度は、やはり戒めるべきだと感じさせられます。第一章で五名のケースから導いた「切り替え」「たな卸し」「自己超越」の三点も、「老後の初心」と考えることができるでしょう。

トリプル成人式

「老後の初心」を定めると言っても、なかなかきっかけがないと言う方もおられるでしょう。再び、河合隼雄先生の著書『母性社会日本の病理』から引用します。

「ある一流会社の幹部である中年の男性が次のような夢を見た。

ある会社（彼の会社ではない）の入社試験に合格する。入社のために父親と一緒にゆくが、夜であった。会社に着いて父と別れると、急に二次試験があると思い、自信がなくて不安になってくる。

この夢は、すでに一流会社の幹部になっている人が、さらに他の会社に入社しなくてはならず、しかも二次試験に受かるかどうか不安になっている状態にあることを示している。彼は中年になって今まで知っていた世界を離れ、父親とも離れて、夜の闇の中で未知の世界へ入っていかねばならない。

この夢は、中年の人々に必要なイニシエーション（通過儀礼）の存在を示している。彼は、既知の世界では幹部として通用し得ても、未知の世界においては二次試験の不安におののかねばならない。若者が成人になるときにイニシエーションを必要とすることはよく知られているが、中年を過ぎるときにもひとつのイニシエーションが必要である」

河合先生は高齢期より少し若い世代について言っておられますが、中年で必要なら、高齢期を迎えるにあたって余計に必要になるのは間違いありません。この言葉にしたがって、「儀式」をやってみるのはどうでしょうか。現代は、従来、深い意味を持っていた儀式や儀礼が失われつつある時代です。結婚式も単なるパーティーのようなものが増え、成人式もファッションショーか同窓会のようになってしまっています。年中行事もコミュニティの喪失や担い手不足で消えかかっています。そうしてだんだんと、区切りのない、ダラダラと続く人生、暮らしになっていないかと考えてしまいます。何の区切りもなく、新しい環境に適応していくための心構えを持つのはなかなか難しいものですし、区切りの儀式が、改めて今の自分や新しい環境を見つめ直すきっかけとなるはずです。

本来は、暦が一巡して再スタートするという意味を持つ還暦が儀式としては良さそうですが、六〇歳だとほとんどの人は現役で、高齢期を具体的に見据えて「老後の初心」を定めるにはやや若いような気もします。成人の半分、一〇歳になったときに行われるようになっている「二分の一成人式」（ハーフ成人式）にならって、「トリプル成人式」（二〇歳の三倍）はどうでしょう。還暦以降、六〇歳代のどこかで行います。「二分の一成人式」では、子どもたちが将来の夢を発表したり、親に感謝の手紙を渡したりしますが、「老後の初心」をしたためて、家族に発表するのも面白いかもしれません。

話がそれてしまいましたが、「老後の初心」を決めるに当たって、忘れてはならないのは「自分らしさ」であろうと思います。考えてみれば、私たちは小さなときには「子どもらしさ」を暗黙のうちに求められ、それに応えようとしてきました。長男らしさ、長女らしさ、生徒らしさ、学生らしさ、男らしさ、女らしさ、大人らしさ、会社員（勤め人）らしさ、主婦らしさ、父親らしさ、母親らしさ、部長らしさ……。ずっと「〇〇らしさ」という周りから求められる役割を演じてきました。物心ついてからずっとですから、「〇〇らしさ」が、まるで自分であるかのように錯覚してしまいそうになりますが、それが自分本来の姿であると言いきれる人は少ないでしょう。以前、『定年後―五〇歳からの生き方、終わり方』『定年準備―人生後半戦の助走と実践』がベストセラーになった、作家の楠木新さんに話を聞いたとき、定年後は「良い顔」で生きたいものだと言っておられましたが、それは「自分らしさ」のことだと思います。楠木さんは、子どもの頃のこだわりにヒントがあると言います。何に興味を持っていたか、逆に何にコンプレックスを持っていたか。小中学校時代の自分を振り返ってみると、良い顔（自分らしさ）の種が見つかるかもしれません。**「〇〇らしさ」から解放され、自分らしさを発見し、それにこだわって生きる。それこそが高齢期の醍醐味です。**「老後の初心」には自分らしさの発見と発揮が含まれているべきだろうと思います。

その先に待っているのが「有終の美」です。「有終」は中国最古の詩集「詩経」にあって、

〝立派に終わりまでやり遂げる〟という意味です。誰でも初めは意気込んで頑張るけれども、それを継続し、最後までしっかりとやり遂げる人は少ない。途中で投げ出したり諦めたりせず、立派で美しく終わることが大切だという言葉です。人生のターニング・ポイントとして「老後の初心」を定め、二〇年いや三〇年以上の長きにわたるかもしれない心身の健康な期間を、自分らしさにこだわって生きて、周りの誰もがその生き様を「有終の美」だと感じる。そんな人生の終盤を描いていただきたいと思います。

高齢期の幸福＝集合的幸福

本書では、幸福についてかなりの紙幅を割いて述べてきました。「幸福のU字カーブ」「幸福な高齢期に向けた六つの課題」「四つのステップ」「自己決定」「幸福の四因子」「幸福は伝染する」などです。そして、それらを踏まえて「幸福長寿の方程式」を提示しました。高齢の方々も私たち世代も、単に長く生きるのではなく、幸福な長寿を望んでいるに違いないからです。最後にもう一つ、高齢期の幸福について重要な考え方を示したいと思います。「集合的幸福」というものです。

経済規模が大きい豊かな国ほど国民の幸福感が高いというわけではありません。少し前に、世界で一番幸せな国としてブータンが有名になりましたし、GDP（一人当たりにおいても）の大きな国よりも北欧の国々が幸福感の高い国の上位を占めているのが分かりやすい例です。日本でも、経済成長して豊かになるにしたがって一人一人の幸福感も高まっていったという実感を持つ人はほとんどいないのではないでしょうか。このように、経済成長しても幸福感はほとんど変化しないという現象は「イースタリンの幸福のパラドックス」と呼ばれています。

　このパラドクスに対して、人は他者と自分を比較するものなので、平均的な水準が上がっていけば幸福感は変わらないといった説や、一時的に経済的に豊かになって幸福感を感じてもすぐにそれに慣れてしまうので、また元に戻ってしまうといった説明がなされていますが、確かなのは、経済的な豊かさ（それに伴う社会的安定やインフラの整備など）が幸福感に影響することは間違いないとしても、そのほかにも幸福感に影響する要素が多くあるということです。

　それらの要素のうち、特に人との結びつきの影響は大きく、「京都大学こころの未来研究センター」教授の内田由紀子氏は、「親しい人から情緒的サポートを得られるかどうかは，北米よりも日本で幸福とより関連することがわかっている。また、日本においては他者と調和した関係にあるときに得られる快感情（親しみなど）が幸福感とより結びついている（これに対して北米では自尊心や自己の独立が重要な要素になっている）」と述べています。

このような、個人の幸福が他の人たちの幸福と相互に影響を与え合う関係を持ち、全体としてポジティブな状態になっている状態を内田氏は「集合的幸福」と呼びます。「幸福は伝染する」は幸福な人から他者への一方通行でしたが、**「集合的幸福」は相互に影響しあい、全体として調和している**ということです。いずれにしても、お金や健康以外に、つながりや関係性も幸福感に大きく影響するわけです。

具体的に言えば、「一人で初めて行く高級店で食事をする」のと「親しい人たちと大衆店で食事をする」、あるいは「家で、一人で器具を使って運動する」のと「集まって皆で運動する」のと、どちらが解放され、気持ちが良くなれるか。「一人でセミナーに出かけて、話を聞いて帰ってくる」のと「地域のサークルでお互いに教え合ったり、学び合ったりする」のと、どちらが楽しいか。「若い人たちばかりの職場で有償労働をし続ける」のと「地域の子どもたちのために高齢者が集まってボランティアをする」のと、どちらがやる気になるか。そういうことでしょう。

さらに、内田氏は「日本人は、快楽を追求し過ぎることに対してネガティブな感覚がありますよね。『清貧』や『高潔さ』を求めます。例えば、お金持ちの人がそれをアピールすると、バッシングを受けることもある。**人並みの幸せで十分だというところも、関係思考の強い日本的幸福感だと思います**」と述べています。心地よい集まりの中にいること、人並みな状態であることに幸福を感じる。「中楽坊」の思想を連想させますが、この「集団的幸福」も、高齢期に頭に置いておきたい考え方です。

「期待される」高齢期を

　私は、これまでの調査・研究、様々な学説を俯瞰した上で、**高齢期の心身の健康や幸福の実感にとって、もっとも重要な要素は「期待される」こと**だろうと思います。この「期待感」とは、もちろん、若い頃のような成果を出してほしい、活躍してほしい、成長して羽ばたいてほしいといった類のものではありません。他者に役割や目標を与えられ、その完遂や達成に汲々とするようなことや、皆がやっているから私もやらなければといった比較に基づく強迫観念のようなものは、高齢期の心身の健康に良いはずはなく、完全に解放されるべきだと思うからです。

　高齢期において受けるべきあるいは感じるべき「期待感」とは、**「緩やかな（互いに拘束しない）つながりを持つ仲間から、肯定的な（存在が承認され、前向きな関心を持つ）視線が向けられている状態」**です。

　ここまで触れてきたように、周囲に他者の視線も声も関心もないところでは、人は自分の存在を確認できず、心身の活力を失っていきます。かといって、近過ぎて互いを束縛する（全てが見えてしまう）ような関係も、窮屈ゆえに結果は似たようなものになってしまうでしょう。

そのどちらでもない、緩やかなつながり。集まっているけれども、互いに寛容で、それぞれが自由なのに全体として調和がとれている。そんな関係の仲間同士が大切な存在として認め合い、その生き方を見守っている。このような環境にいるからこそ、その人が、その人らしくい続けられるのだと思います。緩やかなつながりを持つ仲間と互いの肯定的な視線という「期待感」が、健康で幸福な高齢期、優れた高齢期を築くのではないか。そう思うのです。

そう考えると、高齢者の健康づくりのために、集う場を設ける、イベントを開催する、役割を担ってもらうなど様々な取り組みがなされていますが、それらは全て「緩やかなつながりを持つ仲間と、互いの肯定的な視線＝期待感」を作る手段です。本書で紹介した「中楽坊」を例に引いて言えば、館内のレストランや大浴場、サークル活動やイベントは手段であり、その結果としてできた「期待感」こそが今やマンションの魅力になっているように見えます。


ここで一つ、ずっと疑問に思っていることがあります。それは「身体の健康を目的にした人ほど、長生きしているのだろうか？」という点です。健康長寿を実現した方々の多くが、「自分らしく幸福に生きてきたら、知らぬ間に長生きしていた」ように見えるからです。もちろん、健康オタクの人と不摂生をしてきた人を比べれば、前者が長生きをしているのでしょうが、そんな極端を比較するのではなく、「病気をしないこと」を目的とした人と、「自分らしく生きること」を目的とした人は、どちらが長生きなのかという意味です。健康診断を毎年受診していた人とまったく受けていなかった人の平均寿命には、ほとんど差が見られないというのはよく知られた話ですが、ここから推測すれば、身体の健康を目的にしてもしなくても、寿命はそう変わらないのではないかと思いますし、そうであれば自分らしく、幸福感を重視して生きたほうが余計に得であるということになります。

これは分かりませんし（調査するには大変な年月がかかってしまいます）、身体の健康が大事なのは当然なのですが、いずれにしても、「期待感」の中で暮らし続けることは、身体にも**幸福な長寿にも極めて大切であるのは共感していただけるでしょう。**

高齢期に期待する～裕福とは何か？

数年前、「老いの工学研究所」の会員の方に「人生最高の一日は？」というアンケートに答えてもらったことがあります。二〇〇を超える返答がありましたが、その時代背景やストーリーを想像して感情移入してみると、涙腺が緩むようなものがたくさんありました。自分が将来、同じ質問をされたらこんな素敵な回答ができる自信はまったくありません。

・素晴らしい日々は多々ありました。どれも最高の一日ではありましたし、ほんとにいい思

い出なので大切にしていますが、それを超える一日は、おそらくこれからあると信じています。（七〇歳・女性）

●今日も二人とも元気で朝を迎えられたこと。一日一日の重みが若い頃とはぜんぜん違ってきているのを実感している。仕方ないけれど、人も時間も自分も大切にしてこなかったと痛切に感じる。最高の一日は、今日という日。（七九歳・男性）

●最高の一日は、つい先月に来ました。人生ラストとでも言うべき時期に、孫に結婚十何年目にして赤ちゃんが誕生しました。ひ孫を迎えて、さわって、もう死んでもいいと心から感じるような、思いがけずやってきた最高の一日でした。（九一歳・女性）

「人生最高の一日は？」という問いは、省略しましたが「過去を振り返って」という意味でした。それは、私の中に最高の一日は高齢期には訪れないという先入観があったのだと思います。当時の不明を恥じるばかりですが、右のような回答がいくつもあったことに驚いたのを思い出します。

「最高の一日は、おそらくこれからあると信じています」という言葉には、人生を楽しそうに振り返りつつ、七〇歳にして長い高齢期をなお活き活きと生きようという意欲、あるいは覚悟のようなものが伝わってきます。「信じています」という物言いもお年寄りならではのしなやかさがあります。**若者のように頑張って何かを獲得しようというわけではなく、流れに身を任せながらも、自分らしく生きていれば必ず最高の一日が来ることをすでに見通しているような感じを受けます。**

「今日も二人とも元気で朝を迎えられたこと。今日という日」には、深い愛情があふれています。自分にも不安があるし、伴侶にも不安を覚える。**幸せというのは、実に身近にあることを教えられます。**子どもに「青い鳥」を読んであげてもその意味は実感できないでしょうが、歳を重ねるとこれが分かるようになる。禅語の「明珠在掌」（みょうじゅ・たなごころにあり）は、宝物（明珠）は既に手のひらの上にあるという意味ですが、まさにそんな心境なのでしょう。そんな、宝物のような穏やかで平安な暮らしが、最高の一日であると気づかれているわけです。

「もう死んでもいいと心から感じるような、思いがけずやってきた最高の一日でした」は、やや震えた字で書かれていましたが、その字の姿も含めて心に突き刺さるような言葉として印象に残っています。お孫さんに子ができないことが心配だったのでしょうか、それをどこか自分にも責めがあるように感じておられたのでしょうか。思い残しや迷いが完全になくなった状態が、九〇歳にしてやってきた。**最高の一日とは、獲得や達成に満足した日ではなく、思い残すことが全て消えた日**なのかと、深い示唆を与えてもらいました。

美しい数々の想い出の中に生きながら、同時に、感性の成熟や人格の完成に向かう中で「最高の一日」を迎えることができる。これらの言葉は、高齢期とはそんな素晴らしい時間なのだと教えてくれているようです。

こんな言葉を味わうと、**高齢期は本当に心豊かで裕福な時間**だと感じます。裕福とは、自分が持っているものを自由に使える余力のこと。例えば、経済的な裕福さは収入ではなく、自由に使えるお金の多寡に連動しています。一千万円超の収入はあるが、子育てや家のローンなどで大きな支出がある世帯と、その半分の収入でも大した支出やその見込みのない世帯では、自由に使えるお金が多い後者のほうが経済的に裕福です。時間においても、現役時代は人や仕事などに取られてしまう時間が多いので、自由な時間は高齢者のほうが圧倒的に多く裕福です。人間関係だって、現役時代のように嫌な人と付き合わざるを得ないのとは違って、自分の好きな人とだけ付き合えばよいわけで、関係性においても高齢期は裕福です。知識、知恵、感性、なども高齢者のほうが裕福です。比べてみれば、身体的な面以外は、高齢者は次世代を圧倒するほど裕福だと言ってもいい。そんな余力があるなら、それを使わなければならないのでは？（それが使命なのでは？）と思います。

「加齢現象」と「病気」とは違う

ところが残念ながら、その裕福さを活かせない人は少なくありません。その原因は、居場所や役割がないといったこともありますが、もう一つ、「加齢現象」と「病気」を混同してしまっていることにもあると私は思います。高齢期になると身体のあちこちに不調を来します。それらはたいてい「加齢現象」に過ぎないのですが、それを「病気」だと思い込み、自身の心身に対する自信を失い、高齢期への悲観や行動の委縮につながってしまっているのではないかということです。

加齢現象には、①内在性（遺伝的にプログラムされており、必然である）、②普遍性（誰にでも起こる）、③進行性（ゆっくりと進み、不可逆的である）、④有害性（機能が低下し、生命維持にとって良くない）の四要素があります（ストレーラーの四原則）。これに当てはめると、病気との違いが明確になります。①加齢現象は遺伝的に避けがたいが、病気は避けようがある。②加齢現象は必ず全員に起こるが、病気はなる人とならない人がいるし、なる病気も人によって異なる。③加齢現象はゆっくりと進んでいくが、病気はそれよりも早く進んでしまう。③加齢現象は元には戻らないが、病気は治すことができる。共通点は、④生命維持にとって良くないことくらいです。また、加齢現象は二〇～三〇歳以降、全ての人にゆっくりと生じている生理的機能（肌の色つやシワ、毛髪、体形、臓器や骨や筋肉、脳などの機能）の避けがたい、治しようのない低下であって、高齢期における衰えもその延長に過ぎません（そうなると、病院などが処置するのは病気だけにして、加齢現象は健康保険の対象外にすべきだという議論も当然にあってよいのですが、それは長くなるのでここではやめておきましょう）。

大切なのは、加齢現象という遺伝的にプログラムされた生理的現象が、急な病気や不慮の事故につながらないようにすることです。加齢現象は治せるものではありませんが、助けがあればカバーできますし、その進行を遅らせることが可能です。しかし、加齢現象を放っておくと病気につながったり不慮の事故を誘発したりして、いっぺんに生命の危険に瀕してしまいかねません。

加齢現象が病気や事故につながらないようにするために必要なのは、「助け」です。助けとは、ご近所さんのような同世代の顔見知りとの共助であり、三世代同居にあった子や孫による手伝いなどです。そしてその助けは、集まって住めば容易に手に入ります。周囲に人がいることで見守りになり、相互扶助があり、交流や楽しみがあるような環境に身を置けばよいのです。それによって、裕福な〝持ち物〟を存分に活用できるはずです。

あとがき

「年寄りは、集まって住め」。このような挑発的に感じられるタイトルをつけることには、躊躇がありました。しかし、波紋があったとしてもこのようなタイトルをつけざるを得ない気持ちも強くありました。それは、集まって住むことによって、幸せな長寿を実現している方々を多く知っているからであり、また逆に、集まれば解消するのに、孤立や寂しさを我慢して心身の健康を早く損なっているように見える方々も多く知っているからです。「集まって住む」。こんな簡単な解決策があるのに……。そんな残念な気持ちから、このようなタイトルをつけざるを得ませんでした。

　人生一〇〇年時代の到来によって、私たちは、高齢期に対する考え方の転換を迫られています。私は、人生一〇〇年時代における高齢期は、次のように考えています。そして、「年寄りは集まって住め」の真意はここにあります。

『高齢者の実態は能力的、時間的、経済的にも豊かである。さらに発達、成熟し、幸福感を高めながら人格の完成に向かっている。しかしながら加齢には抗えず、ゆっくりと死へ近づいていく。残された時間を意識し、その時間を有効かつ幸福なものとするためには、病気や事故を未然に防止でき、加齢によって難しくなってきたことへの手助けや支えのある環境に身を置く必要がある。それには〝集まる〟のがもっとも簡単な方法。高齢期に相応しい環境の確保が、人生の終盤の二〇～三〇年を心身ともに健康で自分らしく安心して、活き活きとしたものにする。』

冒頭に記したように、私は本書を三〇年に及ぼうとする高齢期を生きている方々への敬意を込めて、また、これから高齢期を迎えようとする人たちへのエールにしたいという想いで書いてきました。もちろん、「高齢者」と年齢でひとくくりにするのは、エイジズム（年齢差別）的ですし、どのような属性であっても人は多様であるので一概には言えず、どこまでいっても人は複雑で分からないものであるのは重々承知しています。しかしそれでも、生きてきた時代に共通する特性というのはありますし、どんな世代であっても高齢期になれば共通して現れる特徴もあるわけで、それらに着目し、超高齢社会に前向きに向き合っていけるようなメッセージや提言を行いたいといつも考えています。本書がどれくらいその目的を果たせたかは分かりませんが、少しでも、高齢の方々が周囲から期待をされ、また次世代や若者から敬意を受けながら、活き活きと自分らしく暮らしていくためのヒントになれば嬉しく思います。

この「あとがき」を書いているとき、中楽坊のライフ・アテンダントの方から連絡をいただきました。原稿の締め切り直前でしたので、本編の中に入れることはできず、迷いましたが、素敵な話なので最後にご紹介したいと思います（聞き手は私です）。

＊＊＊

――成人を、入居者に祝っていただいたそうですね。

はい。私は神奈川県の出身で、今は神戸の大学に通っています。中楽坊では週に3回、夕方に働いています。二月に、入居者の皆さんに成人のお祝いをしていただきました。びっくりしましたけど、ほんとに嬉しかったですね。

――きっかけは？

もともとは、ライフ・アテンダントの先輩方と雑談をしていたときに、神奈川の地元の成人式がオンラインになってしまったので帰るのをやめましたって言ったんですね。せっかく前々から決めていた着物を着ても、家にいてオンラインで成人式を見るだけなら、わざわざ神奈川まで帰る必要はないかと……って話したんです。とても残念だったので、つい話をしたくなったのかもしれませんけど。

それが、一月の初めの頃でした。あとで聞いたんですけど、それからライフ・アテンダントの先輩たちが色々と考えてくれたみたいで、私のためにここで成人式をやってあげようって。ほんとはもっと早い予定だったようですけど、コロナで緊急事態宣言が出て、集まってやるのが難しくなったので二月の下旬まで延びてしまったそうです。

——その話を聞いたときは、どう思いました？

着物、着付け、髪結いまで全て準備してくださるっていうので驚きました。そこまでしてくださる職場ってすごいなあと。私のことをそこまで考えてくださっているのかと思って、ほんとに嬉しかったです。

——着物も用意してくださって。

着物は、ライフ・アテンダントの先輩がお持ちのものです。赤のとっても可愛い着物です。それだけではなくって、その方のお母さまが着物に合う赤いマスクを作ってくださったんですよ。私の話をしたら、あの着物に白のマスクはダメだっていうことになったようで。先輩は五〇歳代ですから、そのお母さまだと八〇歳くらいかもしれませんよね。そんな方の想いの詰まっていた赤いマスクにも感激しました。

――ここまでの話を聞くと、入居者は出てきませんが？

着付けと髪結いを済ませて、中楽坊に行ったんですね。入居者の邪魔にならないようにと思いながら、遠慮しながらロビーで写真を撮ったりしていたら、当たり前なんですけど、出かける方や買い物から帰って来られる方が、「あらー〇〇ちゃん！　どうしたの？」って感じで集まって来られまして……。いつもは制服を着て、髪型も違いますから私だと思わなかった人もいて驚いておられたり。しばらくすると、大浴場に一番風呂に行かれる方が洗面器を持って寄って来られたり。そうして結局、二〇人くらいの集まりになってしまいました（笑）。

――ヒロイン状態ですね。

どうでしょうか。でも、同じ世代の人で祝い合う普通の成人式とは、まったく違う嬉しさはあったように思います。

――たくさんの、おめでとうの言葉ももらえたでしょうね。

そうなんですが、それよりも「早く言ってよ」って言われちゃいました。「あなたに、私の着物を着てほしかったなあ」とか「そんなお金を使わなくても、私が着付けをしてあげたのに」「言ってくれたら、美味しいものでも用意していたのに」とか。

それと、外出しようと通りかかった男性が事情を聞いて、「それじゃあ、写真を撮ってあげよう」と自室まで引き返してカメラを持って来られたんです。立派なカメラです。ずっと趣味で写真をしてこられたそうです。いっぱい写真を撮ってもらいましたし、集まってくださった人で集合写真を撮りました。すごくいい記念になりました。

――親御さんには、報告しましたか？

はい、もちろんです。母は喜びながら、「ホントに良かったね！　幸せものだねえ」と笑っていました。それはそうですよね。祖父母のような入居者や、親世代の仕事の先輩がいたら普通は叱られたりして、萎縮してしまうと思うんですけど、逆に、心配してもらっているんですから（笑）。

この物件の入居が始まってからまだ九カ月ですが、たったそれだけの期間でそんなに可愛がってもらえるのはありがたいことだと思います。

——今回の成人祝いを通じて、どんなことを感じますか？

二つありますね。一つは、入居者の方には色々なスキルを持っておられる方がいて、普段はそれをまったく表に出されないんですけど、皆さんすごいなあと。実は、学べることがすごく多いんだと思いました。

もう一つは、中楽坊というのは、昭和のご近所さんみたいな感じなのかなということ。もちろん私は生まれていないので分かりませんが、気軽な声がけや助け合いや見守り合いがあって、いつもは自由だけど何かあったときには心強い感じがします。だから、私たちライフ・アテンダントもその一員でいようと思いました。「近所に住む娘や息子のように」というのが、私たちのありようだと教わりましたけど、その意味が分かりました。もっとも私は年齢的に、「娘」は無理で「孫」にしかなれないんですけど（笑）。

＊　＊　＊

本書を読んでいただいた方が、幸せを伝播させる主体になられること、また次世代の道標になっていかれることを願いながら、そして最後に、老いの工学研究所の調査研究活動に協力してくだっている多くの方々、日ごろ私にたくさんの示唆やアドバイスをいただいている皆様に改めて感謝を申し上げ、結びとします。

また読者の方々には、大阪・淀屋橋の「老いの工学研究所」に気軽にお立ち寄りください。高齢期の幸福な暮らしについて、ぜひ大いに語り合いましょう。

二〇二一年六月

ＮＰＯ法人　老いの工学研究所　理事長　川口雅裕

〈著者紹介〉

川口　雅裕（かわぐち まさひろ）

NPO法人「老いの工学研究所」理事長。

1964年生。京都大学教育学部卒。株式会社リクルートコスモス（現株式会社コスモスイニシア）で、組織人事および広報を担当。退社後、組織人事コンサルタントを経て、2010年より高齢社会に関する研究活動を開始。約一万六千人に上る会員を持つ「老いの工学研究所」でアンケート調査や、インタビューなどのフィールドワークを実施。高齢期の暮らしに関する講演やセミナー講師のほか、様々なメディアで連載・寄稿を行っている。

著書に、「だから社員が育たない」（労働調査会）、「速習!看護管理者のためのフレームワーク思考 53」（メディカ出版）、「実践!看護フレームワーク思考　BASIC 20」（メディカ出版）、「顧客満足はなぜ実現しないのか」（JDC出版）、「なりたい老人になろう～65歳からの楽しい年のとり方」（Kindle版）がある。

幻冬舎ルネッサンス新書　235

年寄《としよ》りは集《あつ》まって住《す》め　～幸福長寿《こうふくちょうじゅ》の新《しん》・方程式《ほうていしき》～

2021年8月26日　第1刷発行
2021年12月23日　第3刷発行

著　者　川口雅裕
発行人　久保田貴幸

発行元　株式会社 幻冬舎メディアコンサルティング
〒151-0051　東京都渋谷区千駄ヶ谷4-9-7
電話　03-5411-6440（編集）

発売元　株式会社 幻冬舎
〒151-0051　東京都渋谷区千駄ヶ谷4-9-7
電話　03-5411-6222（営業）

ブックデザイン　田島照久
印刷・製本　中央精版印刷株式会社

検印廃止

Printed in Japan
ISBN 978-4-344-93510-5 C0236
幻冬舎メディアコンサルティングHP
http://www.gentosha-mc.com/